入选新闻出版总署"向全国青少年推荐的百种优秀图书"

GUCHENG WEISHI

编委会主任

佘江涛　张　力

编委会副主任

徐　海　杨　丽

编　委

周兴安　祁　智　府建明　张　莉

统　筹

戴宁宁　覃婷婷

《大家》栏目工作人员

高洪芬　王成辉　周文福　朱　童　于　磊
王　超　葛　嘉　张也驰　朱　江

中央电视台科教节目制作中心　凤凰出版传媒集团　联合打造
"大家丛书"

阮仪三传

古城卫士

丁七玲　著

CCTV

江苏人民出版社

图书在版编目（CIP）数据

古城卫士：阮仪三传 / 丁七玲著. 一南京：江苏
人民出版社，2023.2
（大家丛书）
ISBN 978 - 7 - 214 - 27828 - 9

Ⅰ. ①古… Ⅱ. ①丁… Ⅲ. ①阮仪三—传记 Ⅳ.
①K825.81

中国版本图书馆 CIP 数据核字（2022）第 256833 号

书　　　名	古城卫士——阮仪三传
著　　　者	丁七玲
责 任 编 辑	金书羽
特 约 编 辑	陆诗濛
装 帧 设 计	许文菲
责 任 监 制	王　娟
出 版 发 行	江苏人民出版社
地　　　址	南京市湖南路 1 号 A 楼，邮编：210009
照　　　排	江苏凤凰制版有限公司
印　　　刷	江苏凤凰通达印刷有限公司
开　　　本	880 毫米×1 230 毫米　1/32
印　　　张	6　插页 2
字　　　数	130 千字
版　　　次	2023 年 2 月第 1 版
印　　　次	2023 年 2 月第 1 次印刷
标 准 书 号	ISBN 978 - 7 - 214 - 27828 - 9
定　　　价	28.00 元

（江苏人民出版社图书凡印装错误可向承印厂调换）

目 录

目 录

　　云南丽江、山西平遥能以整座城市进入世界文化遗产名录;周庄、南浔、同里、西塘、甪直、乌镇等江南古镇在 20 世纪 80 年代得以免遭建设性破坏,并成为重要的文化遗产;苏州平江路的文化振兴,还有陆游故居、虹口犹太人避难地、福州三坊七巷、划船俱乐部等的抢救,都离不开他的努力。我国的 131 个历史名城中,有一半是他参与规划的;还有 50 多个历史名镇,完全是他"刀下留城"救下来的。可以说,如果没有这个人的无畏与坚持,就没有这些古城古镇今日的辉煌。

　　他,就是今世当之无愧的古城保护第一人,阮仪三。

　　阮仪三,1934 年 11 月 21 日生于苏州市。他家世代书香,家学渊源。其高祖阮元,是清朝乾隆、嘉庆、道光时代的三朝元老,被誉为"金石学家、训诂学家、国学大师",曾经担任两广总督、湖广总督、云贵总督,是两届科举的总考官,太子太傅。父亲阮昕是国立中央大学第一届电机专业的毕业生,曾留学日本,回国后组建了江苏重要城市的电厂,解放后担任苏州市政协副主席。阮仪三曾就读于颜家巷尚德小学、苏州市高级中学,1951 年至 1956 年服役于中国人民解放军海军,1956 年 9 月考入同济大学,1961 年 7 月毕业留校。现任同济大学建筑与城市规划学院教授、博士生导师,国家历史文化名城研究中心主任,全国历史文化名城保护专家委员

会委员,建设部城乡规划专家委员会委员,阮仪三城市遗产保护基金会理事长。在从事古城保护的过程中,他撰写了《古城留迹》《护城纪实》《城市遗产保护论》《城市建设与规划基础理论》《江南古镇》《遗珠拾粹》等一系列著作。

他对我国的文化遗产保护有着突出的贡献,被民间誉为"都市文脉的守护者""古城的卫士"等等。在长期从事保护文化遗产的研究与教育中,他积累了丰富的经验,形成了独特的保护文化遗产的思想与方法。他的贡献得到了世界的瞩目和认可,曾获得联合国教科文组织遗产保护委员会颁发的 2001 年和 2003 年亚太地区文化遗产保护杰出成就奖;还曾获得法国文化部颁发的"法兰西共和国艺术与文学骑士勋章";2014 年,他成为首位荣获美国圣母大学颁发的"亨利·霍普·里德奖"的亚洲人。

面对城市化进程中古迹的毁灭,阮仪三痛心不已,奔走呼吁,年逾八旬仍斗志昂扬。他的故事被称作"中国知识分子的文化良心录"。

下面就让我们跟随这位古城卫士的脚步,一起体验他的护城之旅,感悟他那不平凡的人生。

第一章 传统文化浸润少年成长之路

☐ 1. 大儒阮元的后嗣

1934 年 11 月 21 日，在苏州西美巷的阮家，在众人的殷殷期盼中，一名男婴呱呱坠地。阮家太太已经有了两个女儿，这次生了个男孩，真是阖家欢乐。住在扬州的老祖父，专门赶到苏州来吃满月酒，还抱着大孙子在花园留影。正是这个孩子，之后将会对古建筑充满深厚的感情，一生竭尽全力去守护华夏历史文化的载体，使得城市文脉得以延续。他，就是后来被誉为"古城卫士"的著名历史文化遗产保护与研究专家——阮仪三。

阮仪三出生那天，恰逢农历十月十五，俗称下元节。这一天原为道教的水官诞辰，道观要做道场，民间则逐步演化为享祭祖先，祈求福禄祯祥。根据易经的卜卦，这一天出生的人，个性急进，处事本领高强，具有不惧困难与挫折的勇气与毅力。阮仪三后来的经历，倒似印证了这个说法。

小时候，身为家中长子的阮仪三，每年都会随父亲阮昕从苏州返回扬州老家，到家庙参加祭祀。阮昕大名叫阮德传，是国立中央大学首届毕业生，学的是电机专业，毕业后旋

一周岁和祖父母在苏州西园（祖父怀中是阮仪三）

即东渡日本。阮仪三的祖父虽是清朝的秀才，但思想却不迂腐，支持儿子出国深造。阮昕回国后为国效力，从事电厂建设工作。江南一带很多电厂，如苏州电厂、扬州电厂、镇江电厂等均出自他之手。他是江苏省机电业的技术先驱。

祭祖是阮家的一件大事，旨在以祭祀的方式唤起后人对祖先的追思和敬慕，接续祖先的精神的动力源泉。每年冬至，参加祭祖的男性子孙后代衣冠整齐地列队进场，对着祖先的牌位，按长幼顺序依次上香跪拜。一套礼仪结束后，阮昕发现身旁的长子仍是满脸的懵懂，就耐心地给儿子讲解族谱：这个先祖是什么人，做过什么。

从父亲的讲述中，阮仪三了解到，自己出身于扬州望族。扬州阮氏自明神宗时期从淮安迁入，至今已近五百年，子孙繁衍十八代，是扬州首屈一指的名门大姓。七世祖阮玉堂是康熙五十四年（1715年）武进士，后外放带兵，屡立军功，诰授昭勇将军。八世祖阮承信虽一生未仕，家境贫寒，但能洁身自守。有一次他在渡口捡到一个包袱，"启之皆白金，而有官牒在其中"。他没有私吞的念头，就在原处坐等失主至天黑。以为找不到失物的原主正欲自尽，阮承信发现并将包袱还之，且坚决不受谢银。

九世祖阮元，是阮仪三的高祖，为清代名臣，历乾嘉道三朝，曾任两广总督、湖广总督、云贵总督、体仁阁大学士，是两届科举的总考官，后加太子太傅。阮元又是著作家、刊刻家、思想家,在经史、数学、天算、舆地、编纂、金石、校勘等方面都有着极高的造诣,被尊为一代文宗。其所编刻的《经籍纂诂》《十三经注疏》和《皇清经解》至今仍是古汉语学者的案头宝籍,给后人留下了极有价值的文化财富。《清史稿》称他"身历乾嘉文物鼎盛之时,主持风会数十年,海内学者奉为山斗焉"。阮元学术上成绩斐然、启迪学风,从政宦迹卓著、勤政爱民,被后人誉为"一代名儒、三朝阁老、九省疆臣"。

阮元为官清正,任上曾在各地游历,留下很多文化古迹,如杭州的"阮公墩"和"诂经精舍",昆明翠湖上的"阮公堤",广州的"学海堂"等。不过当他从"大学士"之位退下、隐居笃学之时,竟无力置办私家宅园,在扬州只留下一些居处及墓田。到了阮仪三祖父这一代,家里也没有什么了。

"诗书传家、崇文重教,孝悌爱友、以助人为乐",此即阮家的家风。扬州阮氏很重视家风,门上贴着的对联都很讲究,随四季而更换,皆是勉励子孙后代继续努力的内容。比如"睦族敦亲尊祖训,尊贤敬老葆宗风"这副对联,就取自太傅文达阮公家庙的楹联,意思是要"和睦家族、厚爱父母,要遵照先祖的遗训;尊重乡贤、孝敬老人,保持和传承宗族的遗风"。

嘉庆五年(1800年)十一月,阮元曾为宗祠题联:"恩传三锡,家衍千名。""锡"是中国古代皇帝赐给诸侯、大臣有殊勋者的礼器,三锡所赐的均为重臣。阮元是大学士,位极人臣,皇恩浩荡直逾三锡,所以撰写了此副对联,意即"这个家可以延续下来,优秀的传统继续千代地衍传下去"。此联也成为阮元家族自孙子辈起的辈分排行,阮仪三的名字就是按阮元所拟的字辈排行起的。

阮仪三从小耳濡目染,得到父亲的言传身教。除了去扬州宗祠拜祖,苏州的阮家也有一套祭祖仪式。每年过春节的时

候，从送灶那天开始，阮昕专门腾出一间房，把身穿箭衣马褂的老祖宗们的容像一张张地挂起来。画像前面点上香烛，供陈汤团、糕、饼、水果。每天早上，小仪三随着父亲按祭规行礼。烧香叩拜后，还要烧锡箔纸元宝，这些都是姐姐妹妹、阿姨妈妈们折好的，放在一个个由家族大儿子写了先祖先妣名讳的封袋里面。

等到阮仪三上小学五六年级时，他也能写毛笔字了，父亲就让他来写这个祭祀先祖先妣的封袋。他写得很缓慢，一笔一画写得特别认真。姐姐不禁夸奖道："大弟这字写得蛮好的嘛！"

虽说写了一上午，累得手酸，不过当小仪三听到姐姐如此说时，心里很得意。

□ 2. 回扬州避难

阮昕的夫人朱懋善，出身于扬州的一个大家族。阮仪三的外祖父朱立哉，是镇扬汽渡的大股东，也是中国红十字会扬州分会的发起人；大舅朱懋杰毕业于上海交通大学，曾任天津开滦煤矿总工程师；小舅朱懋森为上海二医大教授；姨母朱懋英，后来姨母被过继给无子女的其姨父叶德真（曾任大公报副社长）改姓叶。叶懋英曾任同济附中校长，是上海市著名的三八红旗手、优秀教师，后在"文革"中被迫害致死，是阮仪三处理的后事。

阮昕夫妇都是扬州人，只是后来到苏州工作。阮仪三小时候，逢年过节，都会回扬州看爷爷奶奶、外公外婆。

1937年，"八一三"淞沪会战期间，日机首次轰炸了苏州。

11月上海沦陷后,日寇分北、中、南三路向苏州地区大举进犯。日本鬼子来了,大家都四处逃难,4岁的阮仪三便随父母从苏州逃难回到扬州。扬州城很快也被日寇占领,阮仪三的父母带着孩子们又逃回祖籍所在地公道镇。

当时阮仪三的母亲已经怀了他的弟弟,快足月了。鬼子到了扬州乡下,大家都躲在竹园里。他的母亲受了惊吓,就在竹园里把弟弟生了出来。

避难的房子找到了,不过阮仪三的母亲却被人拦着不让进去。当时人们都很迷信,说刚分娩的人是红人,不能跨人家门槛,不然这家人会倒大霉。情急之下,阮仪三的父亲只好出钱,求人把屋墙拆了一个洞,母亲这才带着小弟弟从洞里爬进屋去坐月子。

阮仪三那时只有4岁多,但已经记得很多事情。他记得堂房叔叔被日本兵抓了去,背了几天尸首,回家时满身是黑红的血斑,一进屋就晕了过去,昏睡了三天才醒来,后来人也变得木木的。

无论时局怎么紧张,教育还得继续。"天地玄黄,宇宙洪荒。日月盈昃,辰宿列张……"私塾里,一个男童正跟着先生大声诵读《千字文》。他那大睁着眼睛一脸懵懂地摇头晃脑的样子,特别乖巧,这正是阮仪三。为让子弟打下牢固的旧学和古文根底,作为世家的阮家相当重视私塾教育。虽说只有四五岁,小仪三已随着哥哥姐姐读起了私塾,所读的开蒙课本是传统的《三字经》《千字文》。当然还得习字,先从写楷书入手。

"天下三样狂,学生猴子样。"小孩子活泼好动,不好调教。从苏州过来的阮仪三,性情温良乖巧,很讨先生喜欢。不过小仪三可不喜欢念私塾,天亮到校,天黑回家,几乎没有玩耍的时间。私塾规矩特别大,每天拜见老师要磕头,还得

坐在孔老夫子画像前没完没了地念书,背不出还要被打手心,严肃的教书先生令他特别害怕。于是,他常常找各种理由,比如肚子痛、咳嗽什么的,想尽法子赖学,却被家人一一识破。后来叔叔干脆就把小仪三扛在肩上送过去,到吃饭的时间再把他接回家。

虽说在私塾的光阴当时令他觉得难受,后来却让他受益匪浅,阮仪三对幼年背诵的东西一直都有印象。那段经历也为他以后阅读古典文献打下了一定的基础。

后来,城内秩序有所恢复。阮仪三全家返回扬州,住在常府巷,此巷因常遇春府邸而名。阮仪三的外婆家离得很近,在二三公里外的牌坊巷。叔叔、舅舅也住在附近的湾子街。亲戚走动起来很是方便。

儿时的记忆,总是模模糊糊。小仪三却犹自记得,常府巷和牌坊巷都是斑驳的石板铺成的路,老街、老巷都古色古香、恬静清幽。那时家里住的是老房子,外婆家的小花园中还有天井,高高的围墙上爬着细长的青藤。舅舅曾悄悄告诉他,那是山药藤。果然到了秋天,小舅把山药扒出来,放在笼屉上用大火蒸,吃起来满口软糯鲜香。

父辈们引以为豪的是,他们是阮元的后代,长辈们曾多次带小仪三去过阮元的故居——太傅街。说起来,这条街也是因为阮元的家庙设于此地而得名。阮仪三的父亲还带他去过位于邗江区的老坝山(当地人称阮家大山)的阮元墓。因为离城很远,要坐独轮车过去,"吱呀、吱呀"地走不少的路才能到。从墓地入口处,可以看到石碑、石马、石香炉等保存尚好的旧物。距墓地向南约半里,奉

儿时的阮仪三

旨建有一座石牌坊,上刻"太子太保体仁阁大学士阮文达公墓道"。向西的一片高台,则是阮元家族墓。这些经历对阮仪三是很好的家庭教育,让他对祖辈们生活过的地方,也开始有了懵懂的认识。

那时,每逢家里来客人,他们都要去逛逛瘦西湖,小仪三也会跟着去玩,对瘦西湖的印象就挺深刻。游湖,自然要坐摇橹船,就是那种有篷的游船。船娘哼着扬州小调,大家一路走,一路看风景。当时两岸的名胜古迹,多数已湮没,显得有些破败。不过湖水汪洋一片,意境阔大;莲花桥上的亭角系着风铃,轻风吹来泠然有声,很有一种中国式的忧郁的韵味。听着歌声,再看这优美的景致,让人宛如画中行。阮仪三忆及瘦西湖的情景,写道:

> 在其四周极目四望,没有高楼大厦,没有烟阁水塔,没有广告牌和大标语。一汪碧水,湖光猗旎。那长堤柳丝低垂,芳草茵茵;那朱栏一字的虹桥,衣香人影;那白塔,不是喇嘛教的信物,却是造风景的点缀;那五亭桥,十五个相通的桥洞,水波掩映。

□3. 童年,浓郁的乡情

待到战事渐平息,阮仪三随父母回到苏州,这时他家已不在西美巷了。早在1937年,阮昕留学归来后,就"顶"下了平江路钮家巷6号的房子。所谓的"顶",就是出一笔钱,把使用权永久租下来。阮家在钮家巷的房子和上海石库门的房子样式很相像,楼上楼下各三间,前后进都有天井。阮家

的左邻右舍都是七八进的深院大宅,后面还有一个大花园,里面有水池、假山、亭台楼阁。阮仪三在这里住到考取大学后才离开,留下了许多深刻而又温馨的记忆。

只听"钮家巷"这个名字,人们可能以为此地是因姓钮的人家居住而命名的。一翻志书,才发现完全错了。这个巷子原名叫銮驾巷,本是指此为吴王夫差停放銮驾的地方,后因苏州人读音不准而转音讹传了。与钮家巷相连的大街叫临顿路,对应起来就很清楚了:銮驾停放,行进中又临时停顿。这种转音转意后留存下来的地名,也是苏州的一种地方特色。

钮家巷原本一半是河道,小巷窄窄的。巷口植着四棵梧桐树,每到深秋时节,树叶变得五彩缤纷,重重叠叠地飘散在地上,小巷好像铺了一层花绒毯,煞是好看。小巷里面还有七棵高大的榆树。阮家门前也长着一株老榆树,三四个小孩都抱不拢,巨大的树冠把整条巷子都遮满。阮家每年都要请瓦匠爬到屋顶上把树枝剪掉。秋天落叶后满巷阳光,一片明媚。

阮家门前是一条与巷子平行的小河,河沿砌着整齐的石驳岸,隔几步有河埠头,一级级的石阶伸到水里。河上有九顶河桥,因巷里小河对岸也有住家,遂建河桥以便渡河之用。这些河桥都是木桥。有钱人家的河桥做得很讲究,就称为廊桥。桥两旁有栏杆,顶上铺有屋瓦,两侧有可开闭的窗户,入口做有门头、门扇;有的人家的河桥就做得简单,几根木梁铺上桥板,两侧设有栏杆,为避雨顶上做了铁皮屋顶,下起雨来叮叮、咚咚的一片响声,很有意境。像这种廊桥在老苏州水巷里比比皆是。廊桥能遮风挡雨,就有皮匠、缝衣婆在里面做活。但他们也知道是人家的地盘,不会长久占用的。令人怅惜的是,现在的老苏州城里,原汁原味的廊桥都被拆光了。

后来,阮仪三希望在重新开挖的中张家河上能恢复几座廊桥,以再现古老水乡的历史景观。像钮家巷这样,前门后宅、前街后河的布局,在美丽的水乡古镇比比皆是。阮仪三曾在文章中自豪地写道:

在我小时候,门前的河水是很清的,常常可以见到一簇簇窜条鱼在游弋,石河埠踏级上爬着螺蛳,石缝里有小虾伏着,水一动就一弓弓地窜到水底里去。河水是流动的,从西向东流淌,在河埠头上洗东西,不小心袜子、手绢就会随水漂走。水巷人家受惠于河里来往的河船,按节令送来的时鲜,那船舱里用活水养着乱蹦活跳的鱼、虾,那令人难忘的一年一度的鲜嫩的莼菜和鸡头(芡实),那夏天摇来的一船船墨绿的西瓜、雪白的塘藕,那秋风乍起时满船吐着白沫的大闸蟹和硕大的田螺。冬日的小河里挤满了柴草船,家家户户垛起新的柴草垛,床铺底下也要换一换喷香的新稻草了(那时大多数苏州人家床下都铺草褥,暖和又实惠)。

小船上摇橹的都是些精壮汉子,披一件单衣,露出晒黑的肌肤。年轻的船娘们总是扯开清脆的嗓子拉长调门叫卖,每样时鲜都有特定的韵味,像一首首美妙动听的民歌。老苏州们还记得吗?你听:"唉嗨哟,阿要西瓜来哦,西瓜来!"那婉转吴音的嗲声嗲调,不比花腔女高音来得逊色。

当年独特的购物方式也是一景。夏天买西瓜,冬天买柴草。阮家就联合几户人家,请船家把船牵过来。船就摇到钮

家巷里面来,大家一道来买。相处久了,连称重也免了,一口价成交,有时船家还会顺便送点土特产,联络下感情。要买大一点的、多一点的东西,都到平江路去。因为平江路后面的一条河比较大,河里每天都有船只划来,每家吃的蔬菜瓜果、烧饭的柴草都靠船运。大人在河埠上洗东西,孩子们就挤在边上抓小虾、摸螺蛳玩。小仪三是个中好手。他脱下鞋子,挽起裤腿下到河里,不一会儿就摸到许多螺蛳。壳青肉肥的螺蛳拿回去酱爆或清蒸,又鲜又香,真是有趣得很。

1940年,从扬州回来后,阮仪三已经到了上学的年龄,就入读坐落在颜家巷的私立尚德小学。这所学校是由美国教会创办的,当时苏州已经沦陷,但日本尚未与美、英宣战,学校里还有外国牧师和外国老师。

阮仪三犹自记得,在他上二年级时,因为珍珠港事件,日美宣战了,日本人就要过来接收苏州的学校。停课的前一天,所有的班级老师都带着大家念都德的《最后一课》。读完后,老师学生个个都淌下了眼泪,学生们抱着老师不让他们走。

停课两周后上学的第一天,全体学生在学校大礼堂集合,然后就是排队理发,剪成日本学生式样。男孩全部剃光头,女孩全剪成齐耳的童花头。礼堂里全是女孩的一片哭声。每人发一套新书,全是日文版的,还要求一学期后全体学生都要讲日语。原来的老师全被赶走,来了许多日本老师。这些日本老师表面上很和善,很少打骂学生,上课时学生表现得好,还会从口袋里摸出一颗糖来奖赏,或是给一支日本铅笔。可学生们没有一个人敢吃的——倒不是怕有毒,而是怕同学之间谁要说日本人好话,就不会有人理他了。被日本老师喜欢的学生,背后就有人吐唾沫。

沦陷区的日子很难过,生活物资极受限制。每天没有米饭吃,只能吃六谷粉做的饭,口感特别粗糙。孩子咽不下去,哭着不肯吃,大人都陪着哭。阮仪三整整接受了三年的奴化教育,当时他的日本话都说得很好了,日文书也能看懂。

1945年8月15日,日本投降,阮仪三和同学们兴奋极了,把所有日本人发的书和有关日本人的东西都堆在操场上放火烧掉了。孩子们又唱又跳,从此以后谁也不讲日文了。如果有谁不自觉地漏出了日本话,马上就会遭到别人一记重重的"头塌"①。很快大家就把学过的日文全忘得精光了。不久,学校的原驻老师回归,阮仪三重新接受中国文化教育。

抗战胜利后的那几年,是阮仪三少年时过得最快活的时光。他的父亲重新回到电厂当总工程师,薪水很高。那会儿阮家有三个佣人:一个厨子、一个洗涮阿姨、一个拉黄包车的车夫。电厂为阮昕配了专用黄包车,每天接他上下班。家人有时逛街也坐这车。黄包车金光灿灿的,很神气。阮仪三喜欢集邮被人知道了,那些想送礼给阮昕却总是不得其法的人就动脑筋送阮仪三邮票,借口给小孩子玩玩。其实那些邮票都很珍贵,阮仪三一直珍藏到"文革"时。后来被工宣队知道,他只好把邮票全部销毁了。

以前的老师回来了,师生格外亲,都想把荒了的中文补回来。为了弥补失去的时间,老师对学生的要求相对严苛。比如作文,必须字迹工整,检查合格后才会批阅。当然了,学校也注重培养学生的兴趣爱好,课外组织同学们排话剧、练国语。小仪三喜欢画画,老师就鼓励和培养他的绘画兴趣,父亲也找了两本画册让他临摹。

---

① 苏州话,拍头的意思。

　　说起来，他的这个爱好完全是家传。阮家的藏画比较多。阮仪三小时候，父亲常带他去观前街的东吴饭店。那会儿东吴饭店是苏州最大的饭店，齐白石就在这卖画。当时东吴饭店的厅堂的墙上，挂了很多齐白石的画，阮昕驻足一张一张地欣赏："这小鸡画得很好，我要小鸡。"

　　齐白石就问："你要小鸡啊？你家里几个孩子啊？"

　　阮昕说："5个。"

　　齐白石点点头："那就5个小鸡，把这张5个小鸡的画拿走。"

　　一个小鸡一块大洋，阮昕花5块大洋把画买走了。第二年他带着小仪三又去了，齐白石还在那儿卖画，想起去年阮昕买画的情形，就笑问："去年买小鸡，今年是不是买螃蟹？"

　　阮昕也笑了："我今年又多了个孩子，6个孩子了。"

　　"好说，螃蟹要双蟹，那就12个螃蟹！"于是当场就题款"阮昕先生大鉴"，钤印"白石翁"。这12只螃蟹花了阮昕12块大洋。

　　一旁的小仪三看得津津有味，回家后画得更起劲了，画好还要盖自己的印章。父亲找来几块质地较软的广西冻石，对他说："你来刻两个吧！"

　　起初他刻得歪歪扭扭，没个样子。父亲找来一本篆字体的字帖，让他跟着学。经过一段时间的练习，小仪三的印章已经刻得有模有样，印文的笔画方中带圆，自然顺和，绘画水平也大有提高。在他小学六年级的时候，苏州市举办小学生美术比赛，老师拿了阮仪三的一张作业去参赛，获得了苏州市小学生比赛第一名。

　　多年以后，阮仪三有时回苏州，就约几个同学一起去拜访小学班主任。她已经是白发苍苍的耄耋老人，却仍能记得这些学生的名字。

自然清新的水乡风情,给阮仪三的童年带来许多乐趣。他曾和一帮初生牛犊不怕虎的小伙伴们,壮着胆子去坟场看鬼火起舞。当时传说人死后会变成鬼,鬼怕光,不敢白天出来,只在晚上显现。最怪的是,这鬼火会跟着人走,迷信者就说,这是阎罗王出巡的鬼灯笼。原理其实很简单:人死后,体内的磷转化为易燃的磷化氢。磷化氢沿着地缝渗出,在空气中燃烧,发出蓝色的光,此即磷火。由于磷火很轻,当人经过时,带动空气流动,磷火跟着空气一起飘动,造成所谓的"鬼火追人"现象。

那时的孩子不明白这个原理,只见坟场上一簇簇的磷光忽闪忽灭,跳东跳西,虽说蛮有看头,但也让男孩子们"吓势势"①的。

□ 4．守书房的小少年

朱懋杰、朱懋嘉、朱懋伟是阮仪三的表舅(外祖父弟弟的孩子),他们有个可贵的共同目标,就是抗日。当时只有19岁的朱懋杰,已经成为共产党在扬州地下工委的负责人,曾在敌伪占领时期主编过《荒原》,发表了许多著名文人在陕北根据地的消息。弟弟朱懋嘉在小学教书,受哥哥的影响,一直想参加抗日斗争。朱懋伟年龄最小,从13岁开始,这个机灵的小孩就投身党的抗日地下活动,做了很多大人难以替代的工作。

① 江南方言,意思是挺吓人。

1941年1月6日，蒋介石发动皖南事变。在苏北的新四军遭到反动派的围剿，许多志士被枪杀逮捕，有部分人员分散逃亡。当年，阮仪三在苏州的家里，就逃来了几位志士，朱氏三兄弟就在其中。

因为阮仪三的父亲是苏州发电厂总工程师，在苏州有一定声望，他们就跑来避风头。除了朱氏三兄弟，还有一些地下党员也躲到阮家避险。当然，这些人都是一批批先后到阮家去的。阮昕善于助人，同情革命志士，就帮他们一把。有段时间，同时7个大男人躲进阮家。没地方睡觉？就睡地板。每顿饭要开三个灶！

这么多人吃饭，家里储存的米和油很快告罄，得赶快采购补给。阮昕把孩子们叫来，给大家分派买米买油的任务。这个孩子买2斤，那个买3斤，分头去买。阮仪三对父亲说："我力气大，一次能提10斤油，一个人就能完成！"

父亲轻轻摇头："嗯，我知道。不过，你想一想，如果一下子买这么多，恐怕人家要怀疑。一家人哪能吃那么多的油？现在白色恐怖笼罩着苏州，稍有大意就会进监狱。"

阮仪三明白了，他和姐姐们机智地躲避着敌人的暗哨，出色地完成了任务。朱家的三个舅舅都很有文化，在阮家那段时间，没事儿就教阮仪三下棋、拉胡琴。可惜时间太短，半个多月之后，还没等阮仪三学会，在阮昕的安排下，这些躲在阮家的地下党员就陆续地被转到了山东解放区。

后来，阮仪三的这三个表舅都成为杰出人才。朱懋杰（宋原放）曾任上海市出版局局长，是第一版《辞海》总编；朱懋嘉（韦名）曾担任总政歌舞团副团长；朱懋伟，作为扬州市城建局局长、市建设局总工程师，为古城扬州的城市建设立下了汗马功劳。

　　1946 年，阮仪三小学毕业，就读于苏州中学初中部。这是一所非常好的学校，老师们都很了不得，后来全是著名的大师级人物。比如美术老师，是最早留日的美术家胡粹中；音乐老师陆修堂，后来担任上海音乐学院的民乐系主任；史地老师单树模，后来是南京师范大学的著名教授、国家教委中小学教材审查委员会委员；语文老师沈荣先是后来的南京大学国文系教授。还有很多老师，都很有水平、非常优秀。所以阮仪三那时候学到的知识都是实打实的。名师出高徒嘛！阮仪三作文写得很好，如果老师给一个精彩的评语，他受到激励还会再写一篇。

　　受祖辈们的影响，阮仪三从小就和各类书籍打交道。他从初中开始流连于苏州的大街小巷，淘书是他的一大乐趣。

　　阮仪三家里楼上住人，楼下有间书房，平常父亲在那里接待客人，看看书。后来父亲说："楼下也有人睡比较安全一点，仪三，要不你就去睡书房吧。"

　　这个建议正合阮仪三的心意。他把床放在书房里，晚上没事了就翻书。那些名著如《三国演义》《红楼梦》《水浒传》《古文观止》等，成为滋养他的最美好的精神食粮。

　　他在书房角落发现一摞小册子，比普通的书要小，纸张也很有质感，竟是商务印书馆排印的《万有文库》。这套丛书由王云五先生策划整理，内容涉及国学、世界名著、史地、工学、农学、商学、算学、医学、体育等计 1721 种，包括古今中外各门学科。对阮仪三而言，此书好比《四库全书》，涵盖了当时各门学科的知识。他读得津津有味，极大地拓宽了知识面。父母看他喜欢，只要在市面上发现这类书，就会给他买回来。《万有文库》全套共有千余本，他读了很多，这极大地丰富了他的知识。

那时,他读书上了瘾,有时甚至忘记睡觉。母亲半夜起来,经常看到书房的灯还亮着,就在窗外呵斥他:"仪三,仪三,关灯睡觉了!"

阮仪三先把灯熄灭,过一会儿,再偷偷打开,继续读书。起初他只是胡乱地看,后来却渐渐地对读书产生了兴趣。此期间,他看了不少诸子百家的著作,当然也有不懂的地方。而真正对古书籍有了研究兴趣,还是从事专业之后的事。说起来,就是初中那段时间他读书最多,差不多把课外书都看完了,积累了大量的知识。阮昕要求长子承担起看守书房的职责,这或许是刻意安排。后来回忆起年少时期,阮仪三格外感激父亲的这个决定。

□ 5 . 姑苏风光,儿时的唯美画卷

初中三年,阮仪三除了积累知识,也很会玩,跑遍了苏州的郊区。当时出去玩都是步行,饿了就跑到农民家讨点饭:"我们没带中饭,能不能给弄点冷饭吃吃?"然后给人家几毛钱,农民也很开心。

只要听说某地有古迹,阮仪三就会去看看。阮昕吃饭时喜欢闲聊:"要说太湖周边的山,灵岩山虽不是最高,其景色却是一绝。尤其在冬季,大雪过后一片银装素裹,山道上积雪成趣,别有一番风味。'昔爱屏作山,今爱山作屏。还曲不可数,两目徒荧荧。'这说的就是灵岩山。此山得名源自山上有块闻名天下的灵芝石,可惜在明代丢失了,有人说这块灵石还在苏州城里出现过呢。"

父亲说者无心,阮仪三听者有意,而且听了就去找。单

说灵岩山,他去过近十次。说起山上的景点,真是如数家珍。他有关于古城古迹的知识,都从那时一点点积累起来。在阮仪三的心中,苏州的街道、水巷、宅园天人合一,有着江南水乡的独特气质。单说一个钮家巷,就蕴含着姑苏的古典美。小时候的他,最喜欢从巷子的这头向着连接平江路的那头跑。一棵棵挺拔的梧桐树、榆树,还有河上一座接一座玲珑的小桥,在他眼中既漂亮又有味道。再长大一些,他就能欣赏原汁原味的古城风貌了。他曾写过一篇描写苏州城墙的散文:

> 在1958年以前,苏州的城墙还相当完整。我小时候人们常说的一条谚语:"城头上出棺材——圆兜圆转",用来讥讽做事白费劲,意思是从这里出发,走了半天,还回到原处。这也正说明了苏州的城墙很完整,在城墙顶上可以顺当地走一圈。我小时候很会玩,几个城门都爬过,从平门到齐门到娄门到相门,从阊门金门到盘门都走得通,就是南面一段走不通。那时城墙附近都很荒凉,盘门外、相门外河面开阔,沿河城墙下全是荒草坡,城墙高大结实,显得特别雄伟。当我们攀上城头俯看城里密密匝匝的黑瓦屋顶,几座高塔耸立拔萃,城外一片水光山色,风光真是美极了。

以前的苏州园林很普遍。据园林大家童寯的《江南园林志》所载,清末时姑苏城内有130多座园林。阮家后面就有两个园,整条巷有四个花园。阮仪三从小就对私家园林很熟悉。

抗战胜利后,父亲曾带阮仪三去过狮子林。有名人借此园开堂会,到门口凭请柬名片才得入园。当时正厅"指柏轩"正演奏着昆曲,阮仪三年纪小,听不懂,就去爬假山。出了山洞,他听到笙箫的乐声,大家都默不作声,他也屏住气走过去。只见亭子里有位先生捧着笙,一个姑娘竖着箫,呜呜咽咽地吹着。周围有四五位男士、女士,都是远远地靠着柱子、栏杆,静静地听着。在船舫、厅堂,宾客们或坐谈、或品茗,也有四处游逛赏景的游客,总共不到几十人,偌大的花园不见一丝拥挤。小孩子游园时,大人们都会一次次地告诫:不要在园林中大声喊叫,不准四处奔跑。

阮仪三后来才明白:江南园林的应时出现,以及造园时的设计布局,本来不是为大多数人服务的,也不能适应许多人在园子里游玩。它是一种文化欣赏,要静心品味。苏州的私家园林,本是一种很安静、很优雅的环境,小小的艺圃就可以让人欣赏一整天。造园者们用亭台楼阁组成美好的景色,其中的构思匠心是否能被观赏者理解呢? 他曾撰文:

苏州园林中的一些厅堂亭台的题名有的不是直白的,要转个弯来思考,这是所谓的曲笔。如拙政园西部有一亭上挂的匾额是"与谁同坐轩"。如你光从字面上去理解,以为是在说游园者是否结伴而来同赏美景,那就显得浅薄了。其实这里是引用了苏东坡的一句诗:"与谁同坐? 清风,明月,我。"隐喻了自己不愿与凡夫俗子同伍,清高孤傲的气质。再细细观赏这个亭轩是扇形亭,明喻了扇是招风的,亭前是一汪水池,明月可倒映入池,亭后有松树,暗喻了是松涛之风。把亭名和亭景完美地结合在一起,可真令人联想翩翩。此亭西面有一建筑名为"留听阁",来自于唐人"留得残荷听雨声"之诗句,那是欣赏秋景之处。拙政园的主厅名为"远香堂",前面是荷花池,用的典故是周敦颐的《爱莲者说》里的"出淤泥而不染,濯清涟而不妖,香远益清,亭亭净植",也是喻意做人要清白、高洁。观赏园林就是在读诗文,园林美景是作诗的母体,而诗文又是景色的注解,正所谓景情交融。走在园中举目望去,步移景异,无处不是一首首、一篇篇耐读而又隽永的诗文。如梧竹幽居(拙政园)、月到风来(网师园)、看松读画(网师园)、雪香云蔚(拙政园)、涵碧山房(留园)、林泉耆硕(留园)、菡雨生凉(退思园)、水殿风来(狮子林),如果头脑里有点古诗旧存,便可添加许多咀嚼回味。还有园林中的廊道、门额,一些砖刻、石枋,如"网师小筑""枕波双隐""长留天地间"以至"曲溪""印月""听香""读画"无不内涵丰富,意境高雅,这些匾额起了点景作用。

苏州园林凝聚了中国古代文学与艺术的结晶,研究中国园林要懂得一些中国的古代诗文,没有点唐诗宋词底子难以了解苏州园林的精髓。苏州的园林是要细品的。如果你怀着品赏的心情走进苏州的园林,一种浓郁的诗情画意会在你心中油然而生。戏文里常常有"落难公子遇小姐,私定终身后花园"的情节,正因为在后花园里有美妙风景,触景生情,自会怦然心动,情不自禁了。景能生情,情能生文,抒发心声,情景交融,文心相通,这便是游园

者与古代造园者超越时空的交流了。

苏州园林处处可见文化的痕迹,蕴含着中国传统文化。"过石桥,进门,折东曲径而入,叠石成山,林木葱翠。亭在土山之巅,循级至亭心,周望极目可数里,炊烟四起,晚霞灿然……"这是《浮生六记》的作者沈复眼中的园林景致。他虽家贫,却依然和妻子过着独特雅致的生活。除却其名士才情,栖居的园亭楼阁也是他诗意世界的物化形态。园林在古代文人雅士的眼中,是实用与审美相结合的艺术。造园大家师承自然,于山水间提炼出纯粹的美,用简单的物象——水、石、树、花——创造出一个少见的美丽世界。其间浓黛、轻绿和莹白相互交错,亭台楼榭与山石花草、流水曲径交替穿插,波折流转,赋予园林以动态之美,体现了传统文人士大夫的情趣和审美观念。苏州美丽的自然风景与人文景观,宛若一幅幅写意的中国山水画,令阮仪三流连忘返,陶冶了这个苏州学子的身心。

立春登灵岩山,清明食青团子踏青,中秋石湖赏月,冬至喝冬阳酒……那些四季更迭、色彩斑斓的记忆片段,以及儿时全家人团聚吃年夜饭、放鞭炮的年味,伴随着年少时种种的人和事,至今留存在阮仪三的记忆里。它们承载着传统文化,寄托着浓厚的乡情,与美丽的江南水乡背景相互重叠,闪烁着岁月凝聚的光泽,是他心中最美的一道风景。

正是苏州、扬州这两座具有深厚文化沉淀的城市,浸润了年轻的阮仪三的心灵,使他拥有热爱故乡的情怀。

第二章　海军生涯

□1. 参军去

阮仪三念初中的时候，不像现在孩子们那么用功，他几乎是玩着过来的。所以毕业时，因为有一门的学科成绩不到80分，他没能直升苏州高中（下简称苏高中）。不过那时他也不在乎："不能直升就不直升呗，不是还有其他的学校嘛。苏高中不要我，我就考别的学校！"

当时，苏州工专、苏州农校都是全国有名的好学校，比苏州高中还难考。还有一所很著名的私立学校，叫桃坞中学，也非常难考，阮仪三一考就考上了，同时还考取了其他好几所学校。因为喜欢园林，他干脆选了苏州农校的园艺系去读。

学校位于苏州上津桥附近，古雅的石桥与沿河民居交相辉映，环境特别优美。阮仪三在那里读得很开心，学农很新鲜，老师也有学问，好些都是留学生，也很喜欢他。可是只读了半年，就遭到父亲的坚决反对。阮昕不希望儿子成为农业技师，认为没出息，一定要他读高中、考大学。阮仪三只好去考苏高中的插班生，此时已是1950年2月。

重考苏高中真不容易，当时五六十个人报考，只录取三名。阮仪三嘟囔："只有几个月的复习时间，恐怕考不取啊。"

父亲瞪他一眼，严厉地说："考不取也要考，再考不取你就不要念了！"

于是，阮仪三下了狠心。他本来特别聪颖，只不过太贪玩。一旦沉下心，学习效果特别明显，几个月后顺利考入苏高中。入学后，他的成绩一直名列前茅。

1950 年底，全国掀起了"抗美援朝，保家卫国"的热潮。此时，战火已烧到鸭绿江边，整个社会热血沸腾。苏州城内到处贴着宣传标语，学生们义愤填膺，阮仪三也是其中一员。他清晰地记得，苏州被解放前几晚城外隆隆的炮声，他和家人好几夜都没合眼，每个人都激动万分，大家小声地讨论："共产党终于来了，是陈毅的部队，苏州要解放了！"解放军进城的时候，老百姓纷纷涌上街头，手中挥舞着红旗。人群中的阮仪三无比快乐，意识到中国即将翻开新的历史篇章。

现在，美帝国主义把侵略的魔爪伸向鸭绿江畔，想破坏来之不易的和平。那时的优秀青年，包括苏高中的所有共青团员，几乎都报名参军了。毛主席号召知识青年参加军干校，为国家积蓄军事人才，也是保家卫国的要求。

阮仪三刚入团不久，尚不能理解父母对他的要求，与当时要求进步的青年一样，积极响应号召，报名参军，那一年他16 岁。当时苏高中有 80 个优秀子弟报名参军，不优秀的话根本就没有报名的份儿，只有品学兼优的尖子生才有资格参军。

阮昕得知这个消息，心情五味杂陈。那时他是苏州市的政协主席，在社会上很有地位。儿子参军，当然不能阻挠，可心里真不舍得。虽说还有两个儿子，但他对聪颖的长子给予了相当大的希望。当天夜里，阮昕这么一个大男人，默默地与妻子一起流眼泪。

父母难过的样子，让阮仪三心里很不是滋味。他也想读大学，但与参军相比，读大学的念头就被抛到九霄云外了。

□ 2．杀海匪、打海盗

苏高中参干的 80 名海军学员，被编入安庆海军联合学校第三分校。

设在南京和安庆的华东军区海军学校，是第二个成立的海军学校，由海军直接管理，曾经培养过大批海军急需的专业技术人才。

1951 年 1 月，包括阮仪三在内的海军联合学校的第一批新学员入校了。大家兴奋地换上新军装，是带毛领的海军蓝双排扣列宁装，再戴上帽徽、胸章，别提多神气。当时很多新兵头发较长，部队讲究军容仪表，必须剃头，标准大约是三毫米。为节约时间，大家就互相理发。碰到手艺不好的战友，理出一个凹凸不平的平头也是常事。等大家都剪完，发现彼此就像换了一个人，已经初具军人气质。

新兵们先读预科学习文化，5 个月后转入本科学习专业。除了日常的体能和武器操作训练，每天早上起床还要拔筋，就是做体操，防止游泳抽筋。防晕船训练也挺有意思。训练场上有一个圆形器械，教员告诉大家，在上面转晕几次，上船就不会晕了。

身着海军军装的阮仪三

经过3个月的军事训练后,阮仪三开始学习通信专业。当时海校相当简陋,仅有几部电台,几个信号灯、信号旗。教员来自国民党海军最大的巡洋舰"重庆号"上的起义人员。老师双手拿着红黄相间的两面小旗,上下左右翻飞舞动;或是抱着信号灯,噼里啪啦地打出闪烁的光点。那种信息的传递方式,让新生觉得既有趣又神秘。

阮仪三学得特别认真,把灯光信号和旗语背得滚瓜烂熟,花了一年时间,从预科到本科,逐步掌握了军事技术。一年后新生毕业,被分配到驻扎在上海的华东海军(后改名东海舰队)。阮仪三上了军舰,成了一名真正的水兵。

刚上舰他情绪很高,成百上千的海鸟在周围飞翔,清新的海风轻轻吹过脸庞,那种感觉特别棒。当舰艇劈开水波时,海水从船体的两边散开,形成长长的泛着蓝宝石色彩的波纹,美丽极了。当然,他也遭遇过怒号的狂风和凶暴的大海。眼见着海水迅速集聚,海面不断升高,吐着泡沫冲向舰艇,然后劈头砸下,令他见识了大海的威力。英姿勃勃的阮仪三,一派热情洋溢,脸上透出一丝坚毅。他的睿智、善谈让他颇受欢迎。他也很快从战友那里学到一些实用的小技巧。

因为战斗和巡逻,军舰常年在海上行驶,后勤物资时常短缺。有一次,老舰长看到阮仪三端着半茶杯的淡水,立即拿出自己的茶缸,把阮仪三的杯子倒满,还笑呵呵地说:"小鬼,多喝点,我有这些就足够了。"这让年轻的阮仪三倍感温暖。

虽然未上朝鲜战场,阮仪三也多次经历战火。那时,美、日、国民党、韩国四股力量把中国所有的海港口封锁起来。我军的海防力量还很薄弱,一开始用木船打军舰,后来把江南造船厂里国民党遗留的军舰修好后,组成了华东海军。当时的吴淞口、长江口外,常有国民党残余力量和日本、韩国海匪活动。渔民不能正常出海捕鱼,上海到山东青岛、辽宁大连、浙江、福建沿海的航运尚未开通,海军的护渔、护航、开辟航道、肃清海匪的任务很重,常常与敌人发生战斗。

出海的第一天,阮仪三所在的战舰就遭遇敌情,几艘海盗船悄无声息地从远处驶来。"战斗警报! 战斗警报!"舰艇广播里传出舰长的喊声,大家立即进入战斗状态。阮仪三既紧张又有些兴奋,他镇定地坚守在战位上。经过一番惊心动魄的激战,海盗近乎被全歼。

海上战争格外的残酷。这支新组建的海军,大多是新兵,很多人没有战斗经验,穷途末路的国民党残军和海盗却异常凶狠。作战中,很多士兵献出了宝贵的生命。眼睁睁地看着战友离自己而去,阮仪三悲痛与激愤交加。消沉了几日,他更加积极地投入到预防海盗袭击、做好航行应变和实弹演练中。直至今日,他常去上海宝山烈士陵园祭奠战友,表达缅怀之情。

在解放被国民党占据的东南沿海一带岛屿时,阮仪三参加过许多次海战。几年枪林弹雨的军旅生活中,他经历了很多,主要在古田军舰上任信号兵,经常出海执行任务,跟国民党、韩国还有海匪都打过海仗。

信号兵承担着对海对空的观察任务,被称为战舰的眼睛。上舰之初,阮仪三就苦练读码基本功,不久就能快速、准确地收发报文。部队也特别注意培养这个好苗子。1953 年春,他被派往青岛海校,学习了大半年的无线电检修技术。

阮仪三的学习方法很好,几次很重要的、新的条令和技术内容传达下来,都领会得特别透彻,全面掌握了军舰舱面上的所有技术,成为突出的技术能手。因为在部队表现英勇,他荣立过三次三等功,还受到共青团的通报表扬,被评为

全国的优秀共青团员。

□3．第一次挫折

正当阮仪三意气风发，争取为祖国再做贡献的时候，意外发生了。

他的父亲在工作上犯了一个所谓的错误，现在看根本不算什么，完全是历史的错误。1953年，苏州电厂发生了一次技术事故。雷雨季节打雷把电机打坏了，造成了大面积停电。电机烧坏后，阮昕立刻去检修。

当时苏联发生过"沙赫特"事件。那是1928年，苏联成立初期，以沙赫特为代表的工程师们用技术手段造成停电事件。表面看是技术事故，实际是通过破坏机器，给政府施加压力。苏州电厂的事情被和"沙赫特"事件联系起来，上纲上线了。

阮昕因此被抓起来审查，唯一的罪名是他曾经的国民党员身份——他过去是国立中央大学的学生，集体参加了国民党。阮昕特别委屈。解放前夕，他的许多同学、同事都去了台湾地区或者美国，但他却留了下来，只想真正为祖国做些事。现在不仅自己蒙受着不白之冤，家人也会受连累。

阮昕的担心不无道理。虽说他被关了三年后又给放出来，什么事也没有，恢复了职务，亲人却被无辜株连。

1955年春天，当时阮仪三被调到上海的一个海军军工厂工作，部队领导突然找他谈话："组织决定你退伍复员，马上办理手续。"

阮仪三毫无思想准备，听到这个消息顿觉惊雷乍响。部队里除了整批复员,个别复员都是有问题的,相当于被清洗。他伤心极了,却也无处打探其中原委,只好去吴淞找曾经服役过的军舰的政委。那个政委是个知识分子,比较通人情,对阮仪三的一生影响很深。

政委蹙起眉头:"你的事情我知道,我看过你的档案,你是受家庭影响。你父亲加入过国民党,是苏州电厂总工程师,最近又因苏州电厂出事故,被关起来受审查,这就属专政对象。阶级敌人的子弟怎么可以留在部队呢?部队要求很纯的,政治上要可靠,你这个情况就说明政治不可靠。"

"我怎么不可靠?我还受过全国共青团的表扬呢!"阮仪三急忙辩解。

政委叹息着摇头:"这可不是你认为的事情,是组织上认为的事情。这就是个人的命运吧!你还是回家为好,不然说不定还会有别的事情发生。"此番话可谓有先见之明。1956年"反右",阮昕又因为历史问题,被打成了大"右派"。

阮仪三痛苦地垂下头。父亲蒙冤入狱,他与姐姐都受到了牵连。姐姐无法继续在苏州团委工作,自己也无奈地离开部队。当年 6 月,他返回苏州。那时正值国家进行粮油统购统销计划管理,要组建粮油部门,苏州的复退军人委员会就动员他去粮食局工作。

阮仪三不想走这条路,犹记政委临别时的那句话:"回家以后,一定不要去当什么干部!你只有读书这条路。读书也不能读尖端科学或政治类专业,否则,你出身不好,不会有什么好结果。"

□ 4．走上了另一条路

正如一句谚语所说，上帝为你关闭了一扇窗，就会为你打开一扇门。一场意外，让阮仪三不得不改变人生方向，走上了另外一条路。彷徨之际，苏州高级中学的老师跑来动员他回校复读。

"我离校已经五年了，能符合条件吗？"他去母校咨询复读事宜，副校长许楠英热情地表示："欢迎你随时返校就读！原来你是哪个年级出去的，就可以回到哪个年级去。"

听到此话，阮仪三顿时眼前一亮。随后，许校长又补充道："你缺课多年，需要补课的话，学校可以另行安排，学费可以减免。"

阮仪三心中涌起一股暖意，复员后郁闷的心情，终于得到了一丝释放。几天之后，他就去苏高中高二复学了，与比自己小五六岁的学弟学妹们一起学习。坐在同学中间，他是年长的老大哥。但和年轻人在一起，他觉得又恢复了青春的活力。1956年春，在阮仪三的影响下，陆续又有九位复员军人回到母校苏高中复学。

此时的阮仪三，又遇到了选择专业的烦恼。由于父亲政治问题的影响，他想考取以文史哲学科见长的复旦大学难度很大，更别说以电子军事见长的上海交通大学了。即使读出来，将来也无法发展。他想起了退伍前老舰长的建议："祖国正处于百废待兴时期，只有通了路，架了桥，各种物资才能顺畅地运送到各地。祖国的建设处处需要建筑人才，你考建筑系吧。人活在世上，可以通过各种方式回报社会和国家。学习工程技术能建设国家,造福百姓,这是大家共同的事业。要做好这个事业,你不能心存私利,必须全心全意,靠无私和大无畏的精神,把个人的未来和国家的事业联系在一起。"

老舰长的这番话如同一盏明灯,为阮仪三点亮了梦想。后来他常说,幸运自己当年遇到了高人指点。"那就读土木吧,去同济!"他下了决心。

跑去同济大学一打听,刚好那一年提出:报考建筑系要加试美术。看到招生简章上对绘画能力的要求,阮仪三顿时乐了:"考画画?这个咱行啊!"

名门出身的他自幼研习书画,小学、初中都参加过学校比赛,还曾拿过全市美术比赛第一名。后来去了部队,也帮助画过许多宣传画。可以说,阮仪三对自己的绘画能力无比自信,加试两张素描自然不在话下。

此时,苏高中的毕业班开始高考准备,学校开设了许多针对性的补习课程。这就给阮仪三一个启发:自己不必按部就班一级级地读上去,可以突击补课,提前参加高考,把参军耽误掉的四五年时间补回一些来。

几位复学同学一商量,便向许楠英副校长提出,他们直接进入总复习,第二年就参加高考。

许校长觉得可行,但要求大家做出更大努力,因为学习没有捷径可走。她还主动地提出,复学的同学可以单独成立一个班组,排出课表,由她负责安排最有经验的老师为他们补课。

不久,在苏高中红楼后的小平房,整理出来一间教室,给阮仪三等人专用,还安排沈雪声、葛云书、许楠英、毛礼垣、王立吾等一批有经验的老师为他们补课。这些老师都很负责,除了排定的课程,有时晚上还来小教室辅导答疑。

复读时,学生们发现三角函数的很多内容之前没学过,老师就先教一教,让大家做做题目。根据试卷发现学生不会的内容,老师再教一遍,如此达到了教学效率的最大化。学生们也特别用功,全身心地投入到复习中。

高考那天,卷子一发下来,阮仪三心里就有了底,各科都考得很顺利,作文也写得很好。加试素描时,第一道题是画静物。每人面前放一个画板,去画对面的花瓶。阮仪三拿起笔就画,画得又快又好!第二道题是自由发挥风景画,他画的是远山、绿树、农舍,一看就比人家画得漂亮。

1956年的9月,参加复读的10名复员军人中,被普通高校正式录取了9人,1人备取。阮仪三最开心,以优良的成绩被第一志愿同济大学建筑系录取,人生由此而改变。

多年以后,阮仪三对许楠英校长提起当年回母校复学的事,许老师笑着摇头说:"不记得了。"不过,阮仪三却一直对苏高中心怀感恩,他曾深情地说:

> 母校在我最困难的时候给了我帮助。当时我的父亲关在监狱里,是母校伸出了慈爱的双手搀扶了我,给我投来了一束阳光,使我又升起了希望。苏高中就是我们这些子弟的慈母,用她宽阔的胸怀呵护着我们这些青年健康成长。当年教我的一些老师今天已离开了人世,可我不会忘记他们。师恩难忘,母校恩重。

第三章 在同济求学的日子

□ 1．师从古建园林大师

创建于 1907 年的同济大学，由在沪的德国医生埃里克·宝隆（Erlich Paulun）建立，初名德文医学堂，1927 年改为现名。得此名因"德意志"（deutsch）的中文谐音是"同济"，还有"救死扶伤"之意。同济是中国最早的四所国立大学之一，曾以理、工、文、医、法五大学院闻名海内外。其建筑系正式成立于 1952 年 9 月，前身有圣约翰大学建筑系、之江大学建筑系等，并吸纳了来自同济大学土木系、复旦大学土木系、交通大学土木系的教师。

上述诸校历史悠久。圣约翰大学有"东方哈佛"之雅称，世界建筑大师贝聿铭是其预科生，陈从周、黄作燊、陆谦受、钟耀华等建筑大师和学者也于此执教；之江大学的建筑系是中国近代较早的建筑系，陈植等建筑大师都曾执教。1952年，圣约翰大学和之江大学建筑系都合并到了同济建筑系。一大批不同背景的学术大师和学者汇集于此，孕育并培养了同济学派。建系之初，师从包豪斯学院大师们的黄作燊、李德华、罗小未，以及密斯·凡·德·罗的学生罗维东的加入，

使得同济建筑系迅速融入国际建筑学术界。

这里要提到一个人，即同济大学建筑系的创始人金经昌，他是从德国深造回来的。还有一位从奥地利留学归来的建筑学家冯纪忠，曾与贝聿铭是圣约翰大学同学，也来同济任教。金经昌与冯纪忠展望新中国今后大规模建设的需要，觉得应该既有建筑又有城市规划，就积极倡议在建筑系内创办了培养城市规划方面人才的专业——城市建设与经营专业。至此，中国第一个城市规划专业诞生。同济大学的城市规划专业正式定名成立时，世界上也不过只有四五个国家开设了这个专业。所以，此专业一经成立，就以巨大的学科优势在国内大学中独占鳌头，可以说，同济的城市规划专业代表了该领域全国的最高水平。

1956年9月，阮仪三考进同济大学建筑与城市规划系。此时就读城市规划（下简称城规）专业，可谓恰得其时。

提着皮箱走出火车站，根据接待新生人员的指引，阮仪三兴冲冲地坐上停在老北站广场的校车。报道的学生坐满后，汽车驶向同济大学。当时同济大学的大门是两个砖垛，特别简单。不过，校门内有一条极长的林荫大道，渐通校园之深处。美丽的大草坪两侧，矗立着教学大楼——南楼和北楼。阮仪三报到后，就提着行李来到青年楼宿舍。在校的五年里，他后来住进新建的西北一楼。建筑系的教室在文远楼，上课则常常在北楼。

阮仪三平素喜欢去文远楼走走。那是一座包豪斯风格的淡灰色建筑，抗震性特别好。曾有一个说法，如果上海发生地震，躲到文远楼去就好了。文远楼的二层大厅里有许多中国古典建筑的模型，各种亭台楼阁，均按《营造法式》中的木结构规定制作，惟妙惟肖。

　　由于当时处于建国初期,百废待兴,国家很困难;兼之各高校大学生人数极少,学校建筑设备都很简陋。同济大学从1960年开始建设大礼堂,即著名的大跨度联方网架结构,至1963年中才建成。阮仪三那时吃饭是在一个全部竹结构的建筑里,号称"亚洲第一大草棚"。食堂里放着一排排的板凳桌子,开饭时有一溜饭桶摆在地上。大家每个人都准备一个布袋子,饭后就把碗放入袋内,挂在墙上,很有意思。大家排队买饭的时候,校园广播中就会传出声音,"同济大学广播台,现在开始广播,接下来播放歌剧《阿依达》选段《愿你凯旋归来》,*Renata Tebaldi & Sophia Loren*"。同学们戏称之"吃饭进行曲"。那会儿大学不收费,1958年后开始收伙食费,每天4角钱。

　　新生入学教育时,宣读了各专业班级班主任名单。阮仪三所在的城规专业,来自苏、浙、闽、皖、鲁、沪等省市六十余人被分成两个小班。入学后不久便逢中秋节,同学们通过一场晚会增进了对彼此的了解。

　　大学生活确实丰富多彩。比如当时特别流行的游园会,组织者把几十个游园项目分散在南北楼、大草棚里,吸引了很多同学的参与;学校经常举办一些小型展览,展出学生课余的作品;话剧团还会奉上精彩的演出,这些极大地丰富了阮仪三的课余生活。

　　那会儿他的父亲已经平反昭雪,在南京工作。阮仪三曾于假期去金陵探幽览胜。他骑着单车,拿着地图,跑遍了全城。当时著名的建筑学家童寯先生,有每天去东南大学图书馆看书的习惯。阮仪三向他请教过许多与南京古城相关的问题。

在同济求学期间，两位良师的言传身教，对阮仪三产生了深远的影响，其中一位是著名古建筑园林艺术专家陈从周教授。陈从周是把中国园林介绍给世界的第一人，也是中国现代园林学的开创者、奠基人。用建筑大师贝聿铭的评价来说，他是"一代园林艺术宗师"。陈先生的治学处事、对阮仪三的教诲与期望，至今对阮仪三依然意义重大。

1980年阮仪三与陈从周先生（左）在江苏如皋水明楼前合影

陈先生当时教授建筑历史课，看到阮仪三的名字就问："'恩传三锡，家衍千名'，你应该是扬州阮家第四代'三'字辈的。阮元和你有没有关系？"

阮仪三老老实实地回答："是我的高祖。"

"那你怎么是苏州人？阮元是扬州人啊！"陈先生不解，再问。

当阮仪三告诉陈先生自己原籍就是扬州时，陈先生很高兴，又追着问："那你知道他的主要事迹吗？"

阮仪三又老老实实地答："不太知道。"

陈从周先生当即说："阮元的学问大得很，你回去要好好翻翻书。做他的后代，要像个后代的样子，不要做不肖子孙。"

以前阮仪三并没认真阅读过阮元的著作，只在长辈们聊天时听过一点。陈先生这么一说，他就去图书馆查了资料，才知道阮元有那么多成就。陈先生觉得阮仪三是名门之后，也很高兴，经常找他聊天。有一次他告诉阮仪三："阮元在发掘地方古迹、振兴地方文化领域多有建树。如今你跟我学了这个专业，也要记得把保护古建筑这个事业好好干下去啊。"这番话对阮仪三的触动很大，为他以后所走的路预埋了种子。从此，师生俩结成了忘年交。阮仪三开始跟着陈先生编教材、调查古建筑。

一年级的暑假测绘实习，陈先生带着学生去苏州测绘古宅、园林，需要架上仪器（经纬仪、水平仪）记录测量数据，很辛苦。其间需借车、借梯子协助测绘，因为阮仪三是苏州人，找亲戚朋友很容易，帮了很多忙。后来陈先生又去扬州园林测绘，阮仪三对扬州熟悉，就带他一起去。阮仪三对扬州园林很多了解也是从那时开始的。阮仪三在扬州熟人很多，帮助解决了许多具体问题，后来他笑称自己那时是个"跑腿的"。但他这个"跑腿的"善观察、勤思考，在一次次的实践中练就了过硬本领。以至于后来仅用半天时间，就能跑完一座小城并画出测绘图，而且不用标尺，就可以准确丈量路程长短。

后来，陈先生不上他们班的课了，仍把阮仪三带在身边

"打小工"。外出调研时,阮仪三帮忙提包做笔记;上课时,他把老师的绍兴话翻译成普通话。陈先生常说:"学建筑园林史先要了解文化史;学中国史先要懂得家乡史。"交往中他也是这样要求爱徒的,有时候会忽然问阮仪三:"梁惠王说什么? 翻书去!"他还经常耳提面命地对阮仪三提出忠告:"搞城市史,你得把二十四史读通了。"这些都使得阮仪三不断进步。通过陈从周,阮仪三有幸结识了京城里的那些大师,享受他们不时打来的电话:"阮仪三,那里有个好古城,去看看。"

1958 年,北京的城墙被拆了,苏州的城墙也似非拆不可。陈从周听说后,与同济大学的几位专家一道,带着阮仪三急匆匆赶到苏州。他们拿出《宋平江府图》来劝说苏州市长:"苏州城墙比北京城墙年代还要久远,在吴越之争时就有了。宋朝留下了《宋平江府图》这个完整的记录,这个图现在还在。有如此之早、记录之完整的城市图,这还是全世界第一。这个城市印证了图上所有的东西,不要拆,拆了也要后悔!"接着又拿出在城墙上多开几个城门的折中方案。遗憾的是,这些建议都未被采纳。

同时被拆的,还有阮仪三家后院的两个园子。假山拆下烧石灰,三四个人合抱的榆树被锯掉去炼钢,河道被填平修了马路……眼看着儿时记忆被瞬间摧毁,阮仪三欲哭无泪。

为了保护苏州古城,陈从周仗义执言,不计个人得失。阮仪三对陈先生的风骨景仰不已,他觉得这是一个知识大家应该具有的品质,作为他的学生,自己有义务传承下去。

20 世纪 80 年代中期,陈从周负责上海豫园整修的设计和指导。陈从周每次去豫园的路上经过阮仪三家,都会在窗口喊:"阮仪三,在吗? 出来! 跟我到豫园'喝茶'去!"

陈先生说的"喝茶",实际上是跟他去堆假山,阮仪三就三天两头地陪陈先生去。追忆起当年情景，他感慨万千：

> 到了豫园，陈先生看堆得不好，要重新搬动，就对我说："买包香烟去。"
>
> 买来他不是自己抽，而是递给工匠们一人一支，再作揖、道歉："对不起！对不起！这个假山要重新搬一下。"
>
> 工匠们被他的认真和执着所感动，也就任劳任怨地从头干起，而陈先生自己身上也沾满了泥浆。过了两天再去看，发现又有不对的地方，就又递给工匠们一人一支烟，再作揖、道歉："对不起！对不起！重来，重来……"
>
> 豫园东园的假山就是这样花了半年多的时间才堆起来的。"假山似真始妙，真山如假方奇"，这是陈先生的话。我曾亲眼看到陈先生是怎么堆假山的。我们现在的人恐怕是做不到了！

陈从周先生很欣赏阮仪三，曾希望爱徒能跟随他学习。但当年他在同济大学里并不受重视，领导不同意，阮仪三也就成为陈先生的编外弟子。不过，陈从周先生的言传身教，对阮仪三的治学、工作和著述，都有着至深的影响。

□2．雷台尔的建议

同济大学有着兼容、开放的国际化学术氛围。20 世纪50 年代，国外专家曾多次来同济做讲座并开设课程，成为当

时罕见的一个国际交流平台。说"罕见"，是因为当时国内高校大量聘请苏联专家来华指导工作。而同济大学的校长、系主任、教研室主任曾经在德国留学，了解城市建设和保护是欧洲人的专长。于是，在金经昌教授的推荐下，同济大学聘请了东德魏玛大学的专家雷台尔（音）教授来讲学，一改学术界"唯苏独尊"的一元格局。

1957年至1959年，雷台尔教授在同济大学每周一讲，由金经昌教授亲自翻译。两人配合得天衣无缝，效果极佳。

这位德国专家在1958年、1959年两年的时间里，在中国跑了一圈。他觉得中国的城市非常漂亮，同时也发现中国正在大规模建设。在建设过程中，到处都在乱拆，他感到很可惜。

同一时间，欧洲正兴起古城复兴运动。因第二次世界大战的破坏，欧洲许多古城都遭劫变得破败。经历过反思后的失落，人们逐渐意识到历史文化遗产所具有的许多不可替代的价值。不应拆掉老的建筑，而应原样修复，去糟粕，取精华。由此，以巴黎为首，还有诸如布达佩斯、布拉格等被战争破坏得严重的城市，受到了悉心的保护。与此同时，为解决城市中心过度拥挤问题，欧洲开展了新城运动。

看到中国的城市建设正在走拆旧城、建新城的老路，雷台尔就在同济开了一门新课《欧洲城市建设史》，其中特别讲到城市保护。他说欧洲的新城运动和老城复兴同时进行，比如华沙即如此。华沙老城初建于13世纪，包含大量从哥特式、巴洛克式到文艺复兴风格的文物古迹。二战期间，华沙老城85%以上的建筑被纳粹摧毁。1945年波兰解放后，政府马上着手重建。战前华沙大学建筑系的师生将老城的主要街区和建筑物做了详细测绘，保留下了完整的资料。战后重建大大激发了波兰人的爱国热情，他们按照留下的资料，按原样在废墟上重建起华沙老城。

针对当时中国提出的"旧城改建"口号,雷台尔毫不留情地指出:"在中国,只有新城运动(改建新城),没有古城运动(保护古城)。"他又补充,"不该叫'旧城改建',应称为'旧城复兴'或'旧城更新'"。他在《欧洲城市建设史》的课上主要讲两条线,一条线讲新城发展,另一条线讲古城复兴。参考先期问世的欧洲城市发展先例,他提出与那个时代的中国相左的观念:城市不能推倒重来,要留住历史的遗物。欧洲的历史古都,之所以没被近代潮流吞没,保存了过去的街景与建筑,唯一的原因是在都市化的背后,都市发展的方向非常的清晰明确。

阮仪三对古城的兴趣本就浓厚,觉得是最接近中国传统本真之所在。古城对他是一个全新的领域,等待着探索。德国专家带来的先进的西方思想,启发了阮仪三。这种把过去、现在与未来完美地织成一体的情景,让他有一种全新的感动,这正是中国城市所欠缺的成熟都市文化。他觉得,国内有那么多好的城市,应该注意都市发展的规律,而不是都要拆掉旧城建新城,城市可以新旧协调发展。这个"保护古城另建新城"的城市化思维,对阮仪三产生了深远影响,为他打开了古城保护的第一道门。由此,他迅速构建了有关"保护古城、另建新城"的城市化理念的逻辑框架,他的毕业作品就是"苏州古城中心规划"。

雷台尔对同济的同行们建议:中国古城众多,有自己独特的传统,这些历史文化遗产是一个民族优秀的历史文化,应该好好地研究。他觉得同济也应该开一门课,研究中国的城市建设历史;同时编一本这样的书,讲讲中国的经验与教训。

阮仪三的另一位良师——同济大学的董鉴泓先生,主动承担了这项开创性的研究,开始编写《中国城市建设史》,并在

城市规划专业开设了这门新课程。阮仪三毕业后，成为董先生的主要助手，从那时起，他们就开始天南地北地考察各地城市。

□ 3．亲密的伴侣

1950 年的夏天，当时的阮仪三正在苏高中念书。由于表现出色，他成为年级第一批入团的学生，感到特别光荣。不久之后，上海团校办训练班，苏州团委派共青团员去学习，阮仪三是其中一位。

沪上七月风光旖旎，光彩夺目。上海团校的大教室里一片喧哗，很多青年人欢快地交谈着，到处洋溢着热闹的气氛，阮仪三却感到有些孤单。这次来学习的团员，大多是 20 多岁的共青团员干部，他那时只有 16 岁，在其他团员的眼中还是个孩子，自然没有共同语言。

很快，老师就把团员们分成几个小组。阮仪三发现，自己所在的小组里有一位叫孙季雄的女生，十六七岁的年纪，也是从苏州来的，虽然年少，却举止大方，谈吐不俗。

孙家世代书香，幼失怙恃的孙季雄，被老祖母带大。老祖母孙文哲是北京女子高等师范学堂（即北京师范大学）第一届毕业生，毕业回到苏州以后，她当了吴县县立女子高等小学的校长。她很有学问，精研善教，厚德树人，深得学生们的拥爱。有这么一位教育得法的老祖母，孙季雄自然各个方面都很优秀，后来考入苏州景海女子师范学校。在苏州，素有"东吴大学多才子，景海女师多佳人"的说法。史志记载："1902 年，美国基督教监理公会传教士海淑德创办景海女塾，首任校长为该会传教士贝厚德（女）。该女塾办学宗旨，是对中国上等社会的女子进行基督化的教育,除国文科外,其余科目全用英文教材和美国式教学方法。1917 年秋,女塾改名景海女子师范学校。"该校收费昂贵,不过许多中产阶级以上的家庭仍以能将自己的女儿送进景海为荣。景海师资力量雄厚,著名作家苏雪林、近代章回体小说家程瞻庐、侦探小说家程小青、孙中山英文秘书吴弱男等都曾执教于此,培养了大批社会栋梁,比如作家薛琪瑛、教育家吴贻芳、著名翻译家赵萝蕤等。

孙季雄不仅学业优异,还获得第一批入团的殊荣。她的弟弟孙振廷是西安美院教授,"文革"后,担任陕西人民美术出版社总编。侄女孙蛮也很出色,是著名的青年画家。

阮仪三所在的团小组有 30 多人,只有他和孙季雄年纪小,很自然地就熟稔了。阮仪三身上那种对生命、生活的奔放热情具有强烈的感染力,深深吸引着孙季雄,教室里不时传来他们青春年少的无忧的笑声。

在上海的培训结束后,苏州的共青团又开会,各个学校都派优秀团员参加。阮仪三刚走进教室,就看到窗口有位低头沉思的少女,宛如一枝美丽的百合,散发着独特的魅力,正是孙季雄。巧的是,他俩这次又被划到同一片区。再次接触,两人更熟悉了。

第二年,阮仪三参军后和孙季雄也通通信,谈一些不涉及保密范围的话题。那时他俩年纪小,对感情很懵懂,只觉得特别聊得来。当时部队不准谈恋爱,通信也不准封信封,内容都公开。因为孙季雄的名字比较中性,两人的通信内容也没有任何涉及感情的情话,就一直保持着联络。

从海军学校毕业后,阮仪三被分到上海华东海军。1955 年夏,吴淞口举办军民联欢会,阮仪三与孙季雄再次相遇,少女的笑容如春花般缱绻。原来,孙季雄从景海毕业后被分配到苏州图书馆工作。后来上海交通大学招收工作人员,她以

优异的成绩考进上海交大的保密档案室。

夏日的傍晚起了一阵玫瑰色薄霭,流转在他俩四围,黄昏的景致被抹上一层朦胧的柔情。那天的联欢会表演了哪些节目,两人都没留意,而是彼此热切地诉说着。

1956年阮仪三因家庭变故在上海复员,那时他心里很苦闷,就去找孙季雄诉苦。少女的温言柔语,抚平了他的不安与伤心,两人的关系比往日更紧密。确认了彼此的心意后,他们成为正式的恋人。

1955年阮仪三与孙季雄在上海

在苏高中复习上学期间,阮仪三突然听闻孙季雄得了肺病的消息,心中万分焦急。不久以后,孙季雄返回苏州老家静养。病床上的孙季雄,总有一种无法言语的忧伤,阮仪三的突然到访带给她意外的惊喜。当时,这种传染性极强又没有特效药的肺病被视为绝症,人们对它敬而远之,阮仪三却不怕。孙季雄曾听闻过许多情侣因为对方患肺病而最终分手的故事,心上人的不离不弃令她振作了精神。患难见真情,阮仪三经常探望女友,两人感情逐渐加深,孙季雄令人欣喜地痊愈了。

阮仪三到同济大学念书以后,他和孙季雄两个人都在上海。礼拜天的时候,要么阮仪三去看她,要么她过来找阮仪三。同学们都晓得阮仪三有一个在交大工作的漂亮女朋友,就不去找他玩、当电灯泡了。

上海交大和西安交大同属南洋公学,20世纪50年代末,上海交大主体迁到西安,留在上海的部分与造船学院合并。孙季雄面临着要么留在上海,要么调往西安的选择。她自然不愿意与恋人分开,而留沪的唯一方法是结婚。于是在1958年,阮仪三与孙季雄举行了轻松而不失温馨的婚礼。

婚后,小夫妻搬进了虹桥路交大新村,孙季雄把家打扫得很干净。生活虽然简单,但他俩觉得自己是天底下最幸福的人。两人的结合,给阮仪三的事业带来了生机。此后,他将全部热情倾注于工作之中。

1975年阮仪三与父亲(后排左一)、母亲(前排右一)、夫人孙季雄(后排右三)及两子在上海豫园

1974年,孙季雄从上海交大调入同济大学,在后勤处工作,充分发挥出工作潜力,主持筹建了上海高校中第一家留学生宿舍,后又筹建同济大学专家接待中心,成为高校的样板,她也因此被提升为副处长。孙季雄工作勤勤恳恳,善于处理各种矛盾,被青年员工尊称为"孙妈妈"。下班后她尽力操持家务,所以阮仪三能从繁重的家务中脱身,为事业四处奔波。她还写得一手好字。阮仪三的第一本书《古城留迹》要在香港出版,那时没有复印机,她就每天晚上加垫三层蓝色复写纸,用繁体字工整地复写出来,足足写了16万字。后来到了退休年纪,她推辞了各种邀请,一心帮助两个媳妇带孙子。阮一家、阮尔家在祖母的教导下,都走上了成才之

路,有望接老祖父的衣钵。

□4.踏勘古城

1961 年毕业前夕,董鉴泓先生问阮仪三:"你愿意做城市建设史的研究吗?"

阮仪三本对历史方面有兴趣,之前也跟陈从周先生学建筑史比较多,于是欣然应诺。就这样,大学一毕业,他留校协助董鉴泓先生完成"中国城市建设史"课题,对中国的城市做基本调查。这为他打开了古城保护的第二道门。

陈从周先生曾对阮仪三说:"阮元搞学问很严谨,他研究金石碑刻,一定要到实地考察,从不道听途说。他每到一处就考察记录,为后世留下许多东西。我们搞测绘也要这样,要留下靠得住的东西。"

这番话深深地烙在阮仪三的心底,使他认识到城市发展历史与遗产保护的规划研究如若单凭文献记载,那是纸上谈兵,必须现场勘查,印证实迹。他开始对即将开始的工作充满期待。

董先生与阮仪三师徒二人打算利用每年寒暑假空余的三个月时间,对中国著名的城市,特别是历史古城做一些调查。他们制定了一个周密的计划:今年到西北,明年到东北,后年到东南,大后年到西南,全国四个方向跑。到了各地的城市去看什么内容,也有明确的意图。

20 世纪 80 年代以后,董先生年纪大了,阮仪三就独自继续踏查古城。可以说,他将中国的古城基本跑了个遍。一大圈转悠下来,大概有几百个。许多著名城市他调研过不止一次,更有些人迹罕至的地方,比如长城沿线的山海关、宁远古城等,只要是有助于课题研究的地区,他都会不辞劳苦地实地考察一番。

那时每个地方都有自己的特色。江南有水乡的诗情画意,西北有一座座壮观完整的城墙,都以某种独特、罕见、美丽的方式表现出来,处处印有时代侵蚀的遗痕,古雅情调浓得化不开。20世纪50年代,他曾去过大同,当时大同的四座城门楼都在,左云、右玉的古城也很完整,雄浑壮观的古城古墙让他看傻了眼。

常年只身跋涉于荒郊野外,阮仪三不仅欣赏砖墙的完整结实,还从文化结构上考察其变化的原因和脉络,参以古物实证分析推引。风雕雨蚀的古迹所透露出来的浓厚的历史色彩引他无尽遐思。把美凝固在实物上,这就是建筑,带有很大的主观臆想性,是人类思维进一步抽象化的结果,他被古城古迹的厚重的历史感彻底迷住了。阮仪三还专程对淮安、淮阴做过调研,曾在《古城笔记》中记此事如下:

> 淮阴正位于淮河与大运河交汇之处,原来就是古驿道必经之处,当时成为各方经济繁荣的"淮、扬、苏、杭"运河上四大城市之一。唐代诗人温庭筠有诗曰:"酒酣夜别淮阴市,月照高楼一曲歌",这是一千多年前淮阴码头镇一带的情景。
>
> 我在1978年曾专程对淮阴做了调研。作为进京的孔道的王营镇,已成为一个农村的集镇,沿街所有房屋全是单层泥墙草顶,淮阴城大街也没有繁华的景象,但是老式的门面还能找到历史的踪影。

大运河清江浦的河闸还完好地留存,两旁的石驳岸全是明代的原物,引渠、闸门均能反映旧貌……

古城考察相当艰苦,特别在 20 世纪 80 年代以前。那会儿卫生条件差,招待所的被头都油黑发亮,好像从未洗过。睡一宿觉,身上爬满密密麻麻的虱子。阮仪三回到家中,很多衣服被妻子扔掉,余下的也要放在沸水中煮上好久。三年困难时期他去大西北调研时,一天只有 4 个洋芋充饥,睡觉时能听到臭虫满地爬。

很多偏远地区不通公路,只能长时间徒步行走,有时也会遇到特殊的交通工具。有一次,阮仪三想从淮安去相距十来里路的淮阴。由于当时没有公共汽车,当地人告诉他们,可以骑驴代步。付过钱后,驴主人扶阮仪三上驴,然后一拍毛驴,那驴子就不紧不慢地沿着大路走。大半个钟头之后到了淮阴,毛驴就停下来不走了。等阮仪三爬下驴子,那只完成任务的毛驴,竟自己转过身去,一路小跑沿原路回淮安了。阮仪三都看呆了。

1980 年,阮仪三去探访西夏古都统万城,这是长城边的一座小城。一路阅尽西北的荒凉,眼前出现的危城雉堞,可谓景象阔大。经过勘察,他对这座迄今已有 1500 多年历史的古城有了更深的认识:

> 出了靖边县城,往西北行数里,即见一片荒漠,一个个深黄色的沙丘,一直延伸到天边……越过红柳河是高大沙丘,奋力登上丘顶,眼前出现一座洁白的城堡残址,屹立在沙漠之中,这就是北朝十六国之一的夏国都城——统万城。

　　统万城有三重城墙，由东城、西城及外廓城组成。东、西城为长方形，由中间一道城墙分隔成两个部分。城的四角都有突出的方形墩台，估计为角楼遗址。沿城墙四周筑有密排的马面，马面的作用为防御战时射敌兵将之用。据考古发现，南面的马面里还建有仓库，内藏木材、粮食等。马面内建仓库，这在城市建设史上是少见的。城内有几处宫殿的遗迹，一在西城的东面有夯土围墙，殿有三间，筑在夯土台基上；另一处在东城偏北。根据史书记载，城市的布局基本上沿袭了汉民族的传统城市规划制度。

　　阮仪三一行人去统万城探访，对当地人来说是件大事，因为那里经年累月见不到外人。好客的主人大开筵席欢迎他们，在空地上点起篝火，用汽油桶支起一个大铁锅煎鸡蛋面饼。每个人面前一碗白酒、一盆蛋饼，围着篝火划拳吆喝着劝酒吃饼，好不痛快。

　　调研所到之处，阮仪三被深深地震撼："古老的中国因地理环境与人文生态各不相同，所形成的唐、宋、元、明、清古城风貌和格局千姿百态，有政治型、商业型、经济型、边防型、民族型。其丰富、博大、精深，比欧洲几十个国家的教科书还要精彩，但是中国没有专人和专门的学科去研究，更不被世人所知。"

　　如此寒来暑往，交替成岁，阮仪三用双脚丈量中国，几乎走遍每一个古城镇。遍览古城，让他有一种全新的感动。散见于各地的古建筑，尤其是暌违已久的传统民宅，深深地吸引着他。先民们的生活在空间中具体成形，又与

自然融为一体，成为一道独特的风景。当他逐渐体会到古城的广阔时，沉重的责任感也随之而来。他自然而然地开始想，这种历史的继承性是不能割断的。于是，他收集了满满一柜子的资料，还拼命地画图，如实绘录下所见的景观。

回到上海之后，他继续研究。过去上海基督教总会要求传教士遍访全国各地，把县志买回来，藏于徐家汇藏书楼。所以徐家汇藏书楼藏有 43 万卷的县志，是中国最多、最好的县志。从 1961 年到 1965 年，阮仪三暑期跟董鉴鸿先生四处调研古城古镇，回沪后就埋首于建筑与地方县志的书堆中。那时阮仪三家在交大新村，步行半个多小时就能到藏书楼。他惊喜地发现，自己跑过的那些古城镇的县志，在藏书楼里都能找到，连乌镇、角直的镇志也都有，不由对古人充满崇敬之情。这些县志堆满灰尘，多年未被人翻过，真是太珍贵了。现在上海图书馆将这些县志都做了缩微胶片，便于查阅。中午工作人员回家休息，就把他锁在里面。饿了，他啃个面包；渴了，喝自带的水。他翻阅着县志，与自己沿途的考察结果做比对研究，有时还要做些记录。为了保护原书，藏书楼不允许用墨水笔抄。那时没有圆珠笔，阮仪三就用铅笔徒手描下一些图。多年后，他对《中国新闻周刊》的记者回忆说："我可以自豪地说，我是中国城市跑得最多、县志读得最多的人。"

经过师徒将近 20 年的努力，《中国城市建设史》于 20 世纪 80 年代正式问世，国内第一部关于城市建设史的自编教材由此诞生。此书由董鉴泓先生主编，而该书第一版中的百分之百的图、百分之五十的文字，均出自阮仪三之手。后来，这本教材获得建设部教材一等奖。

亲身经历了此书撰写过程的阮仪三,对古城镇产生了浓厚的兴趣。对古城踏查的经历,催生了他保护文化遗产的思想的产生,并为之提供充足的事实与理论依据。保护古城这个模糊而有力的愿望,在他心里愈发清晰。后来,他自己做课题,选了"保护历史城镇"的题目,并一发不可收。

阮仪三与城市规划专家董鉴泓先生(右)

第四章　走上护城之路

□ 1．护城缘起

在同济大学求学期间，阮仪三曾亲炙许多博学鸿儒，得其教益。比如董鉴泓先生带他去各地调研，使他积累了丰富的知识和宝贵的经验；陈从周先生曾带他调查测绘苏州、扬州、绍兴这些城市的园林和老宅，令他领悟到园林古迹恢复、整修之文化精髓；冯纪忠先生作九华山规划，让他具体策划，提升了他的城市规划实战能力。

苏州古城墙的被拆，令这些老先生既悲哀又惋惜，那种痛是无法言表的。他们①非常动情地对阮仪三说："中国有这么多优秀的古代建筑遗产，都是世界少有的。从世界建筑史、世界城市史、世界历史文化遗产上来说，绝对独具一格，而且特别丰富。但是，在我们这一代手里，它们很快就要消失掉。我们是搞城市规划建设的，是不是在我们手里，能把它们留一点下来？"

---

① 这些老先生有清华大学的朱畅中、朱自煊、陈志华、郑孝燮、罗哲文，东南大学的杨廷宝、童寯等。

这番话深深地震撼了阮仪三。后来,他对采访者如是说,借以表达他一生都在面对的课题:

> 你问我为什么会选择走上古建筑保护这条道路? 因为我们亲眼见到了 20 世纪 50 年代和 80 年代两次大规模的破坏,感到非常痛心。当时不仅是我,很多老一代的建筑家都想要留存一些,因为亲眼见到祖国优秀的文化遗产,历经破坏,就想要用城市规划的手段来保存一些东西。
>
> 传统建筑在一个古城、古镇中所扮演的角色,是与中国传统文化相一致的。传统文化就是用以体现一个优秀文明古国的主心骨。对于建筑来讲,中国的建筑和城市都有自己的特点,独树一帜,和欧洲所有的城市都不一样。而且中国的历史悠久,是其他国家无法比拟的。曾经的古国,古巴比伦、古埃及、古印度都已不复存在。中国的传统建筑,作为留存在地面上的形态,其强大的具有震撼力的艺术形象,一直保存到现在,具有独特性的艺术风貌,丰富的文化内涵的聚集,是我们用来理解中国传统文化的精华。

他走上保护古城之路,也缘起于此。

阮仪三最早参加了联合国区域发展中心(United Nations Centre for Regional Development,简称 UNCRD)组织的学术活动,他是 UNCRD 的研究员,这个机构每年选东南亚的一个城市开年会,所以东南亚那些国家,阮仪三都去过。参观过后,他的直接感受是:"我们的古代建筑遗产比它们要好

太多,除了日本以外,其他的东南亚国家的城市,哪有我们建得好啊!"他为此而骄傲。

骄傲之余,回过头来反思,他觉得国内的古城保存得很差,是时候去保护、去合理规划了。

还有一件事给他留下了特别重要的印象。当时中国要申报世界遗产,阮仪三一行人先去法国参观其世界遗产地。法方派人陪着他们,去了卢瓦尔河(Loire River)。卢瓦尔河沿线聚集了大量古迹。戴高乐将军曾说,卢瓦尔河谷是孕育法兰西精神的地方。

游船一路前行,向东方客人依次展示途中变化着的风景。河边的山坡被白色石头垒成的防护墙加固,沿岸环绕着爬满青藤的土丘和绿树成荫的山谷,还有许多中世纪的美丽村庄,充满了法式田园风情。沿河的村镇里有数百个中世纪城堡,每个村庄和城堡看上去都古色古香,别具一格。比如由达·芬奇等艺术大师设计建造的香波堡;被誉为卢瓦尔河谷最闲适、最女性化的阿泽勒丽多城堡;壮美而威严的雪瓦尼城堡,是漫画《丁丁历险记》的蓝本;被称为女人城堡的舍农索城堡;以及希侬城堡,也是圣女贞德与查理七世首次会面的场所……

阮仪三的目光被不断出现的老修道院的废墟吸引住了,还有那些仍在使用的宏伟教堂,门口的石头台阶上有很多凹坑,那是千百年来被人们踩踏出来的。最令他惊讶的是,不仅这些古城堡被完整地保留下来了,卢瓦尔河整个沿线都被保存得特别完好。他们看到的村庄,还是中世纪时的村庄;花草树木也是原来的花草树木;就连农民养的牛、种的田,也恍若旧时迹。

讲解员自豪地介绍着人们耳熟能详的故事的原生地。

阮仪三发现，这些原生地完整地留存了历史故事的场景，没有像有些地方做展览一样搞得花枝招展，只是留存了一些东西，却给人们带来极大的震撼。当时他就觉得，这些历史的遗存不过是十八九世纪的东西，中国有的是，不见得不比它精彩。当年自己踏查古城时所见到的，哪个城市没有古迹遗存？

比如平遥就有平遥的故事。它有实力最强的 17 家票号，有镖局，有这些票号老板的宏宅巨厦；它有文庙、武庙、城隍庙，每个庙都有自己的故事；它还有完整的城墙。再往前走是洪洞县，内容就更丰富了。史载元末明初战乱不断，人口锐减，明朝政府在大槐树下设局派员，集散各地移民，因此留有几十个宗祠，也留下了我国所有家族以前的档案材料。大槐树是世代相传的名胜地，那个地方还有苏三起解的虎头大牢；有《西厢记》里张生与崔莺莺相遇的普救寺；有道观永乐宫，殿内绘有吕洞宾从降生到成仙共计 49 幅壁画；有楼阁式纯木建筑秋风楼，楼内存放着汉武帝的《秋风辞》碑；有治水大禹的"禹王城"遗址；霍县留有元代文化的县衙大堂；祁县有乔家大院……每一处都留有非常精彩的故事。这样的故事在国内有很多，可是这许多精彩的东西，都淹没在历史长河中。现在许多古迹遭到破坏，就是因为人们不晓得其价值。

这些历史古城以及相关的山林川泽、道途丘墓和馆舍庙堂等古迹的兴亡迁徙，不仅蕴藏着十足而纯粹的东方审美，让人们能深刻地欣赏艺术的精神层面与原始的力量，而且其一砖一石都有一种真正的质感与力量，提供着令人思索的内容。它们涵盖了太多的文化解码，是一个民族的根谱，也是民族精神之所寄。阮仪三觉得：我们要做的第一件事情，就是把它们留住，留住以后它们才能被人们慢慢地了解、认识。

回国后他曾多次感慨：人家也是人，人家怎么就能把古

城古迹保存下来呢？而且人家保护得非常好，有具体的行动，也有理论。有人，也有立法。中国为什么不能这么做？

说起来，阮仪三对国内已有的各种古城都做过刻苦的研究。一年接触的古城比很多建筑家十年见过的都多。这些经历直接进入了他的思想，变成了知识。他的身边还有国内最有能力的导师在实践中指导他，为他答疑解惑，他尽可表述自己的意见，如有疑问还可与老师讨论。他对古城着了迷，觉得精神愉悦，更加坚信自己所学的价值，希望通过科学的调查去研究古城保护的具体案例。当然了，规划者的理解和方法也很重要。

当时国内尚未形成保护古城的气氛，阮仪三决心不辜负老先生们的托付，遂以无限的热情投入到古城保护这个新领域，尝试着为中国建筑历史语境留下存照。

□2．九华山死里逃生

九华山位于安徽省池州市青阳境内，古称陵阳山、九子山。大诗人李白见此山"高数千丈，上有九峰如莲花"，将之易名九华山，其名句"妙有分二气，灵山开九华"也成为九华山的定名篇。明代思想家王阳明曾"两居九华"，留下60多首诗和《九华山赋》，使九华山成为"江表诸山之冠"，使其获得"东南第一山"之美誉。

1978年，冯纪忠教授承接了对九华山科学开发的任务。他让阮仪三负责具体规划，自己做技术上的指导和把关。

1979年夏，阮仪三与同济大学十多名教师到九华山调查研究，拟定九华山风景区的规划大纲，还对主要地段作地形测量。而后阮仪三主持了全部规划和建筑设计的事宜,前后一直做到1992年,长达12年。与此同时,他既要担负教学工作,还有其他的科研任务,同时还要负责九华山各项建设工程的设计与施工。除了出设计图还要现场指导施工,每年去九华山很多次,其间发生了许多事情。

1980年阮仪三做九华山总体规划汇报

"九华一千寺,撒在云雾中。"当阮仪三对九华山的寺庙进行实测时,他是用一个建筑学家的眼光去观察那些寺庙的:

> 九华山的寺庙极其精彩,不同于那些金碧辉煌的庙宇,都是安徽民居式的。外高墙、小窗洞,有内天井。小的寺庙仅一进二层品字形厅堂式布局,成庙宅合一的建筑。墙体多用块石和泥版筑就而成,白灰抹光;屋顶除少数大殿采用歇山大屋顶外,均为硬山两落水,铺当地烧制的深褐色缸瓦。外形朴实,独具风韵。又与山形地貌结合在一起,可以说是镶嵌到山里去的,一半山洞一半庙。最早从唐朝开始,一直到清末,非常有特点。

"文革"期间,山里的和尚尼姑都被还俗,去田里劳作。很多寺庙被拆掉,山上堆满了一堆堆整根的木柱木梁,准备用于盖宿舍。阮仪三觉得这是对祖国宝贵文化财富不负责任的态度,就向安徽省委汇报,更换了原来那位阻碍规划工作、没文化又专制的管理处干部,使古寺重修工作得以顺利展开。

1979年阮仪三上九华山时,听说前山后山有7座金身菩萨,可惜"文革"时都被"破四旧"烧掉了。他小时候曾跟着父亲在苏州灵岩山参加过印光法师的舍利子开光大典,并不迷信的他认为这种舍利子"有可能是一些胆结石、肾结石或身体里的矿物质结晶,没有什么可稀奇的,只是凡人不去察看骨灰罢了"。不过他也知道,这些都是重要的文物。所以当听闻东崖摩空岭百岁宫的无暇和尚的金身在"破四旧"时被老和尚偷偷埋了,他就把它挖了出来,使得近500岁的金身重见天日。

按九华山总体规划要求,要修筑一条从九华街通往后山闵园的旅游公路。阮仪三所选的路线,尽量避开风景点和一些有观赏价值的岩石和古树巨木,同时兼顾了沿途观赏风景。可是刚刚修好一段路,公路两侧留作山林绿地和用作文化馆及寺庙的扩建用地,却被九华山管理处的干部亲属盖满了小房子。

气急之下,阮仪三找了十几个工人跟着他去拆违建。没拆多久,就来了一大批老婆子、大嫂子,捶胸拍腿地嚎哭吵闹:"你们破了我们的家产啦,你们是土匪鬼子队!我这条老命不要了,连房子一起砸了吧!"其间有干部家属,远远的也有干部在看热闹。

阮仪三关照工人拆了快撤,一面斥责他们:"你们已经违了法,还是干部带头违法!我都有材料,你们闹你们的,你们的男人、儿子、亲戚要受处分,要撤职查办,知法犯法,罪加一等!"

他这招果然很灵,那些人灰溜溜地走了。不过,阮仪三也由此与占地盖房的干部和干部家属结了怨,经常受到刁难。他走在九华街上就听到有人戳着他的背脊说:"这个就是拆房子的同济大学的阮老师。"接着有人愤愤道:"什么同济大学? 是偷鸡大学,出的全是偷鸡贼。"还有小孩子受到被拆房子的主人指使,跑过来朝阮仪三吐口水。

阮仪三顶住了种种白眼和压力,学会以软硬两手应对各种情况,终在九华山形成一个影响:不按规划乱盖房子会被拆掉! 之后很长一段时间,乱搭乱建的情况少多了。

1981 年春,阮仪三协同九华山管理层的小胡,去调查全山寺庙情况。三天后他们抵达清溪寺,耳边传来阵阵"噼里啪啦"的砍树声。循声望去,发现很多人正在砍树。原来这些树木本为庙产,包产到户后,山民都去哄抢山林,没人去管,老和尚也只能默默流泪。

此种野蛮毁林的情景令阮仪三激愤不已。他从庙里找来铜锣,一边敲,一边把山民叫下来,一个个地记下名字,还没收了他们的砍刀、斧头。阮仪三以九华山管理处名义向这些人训话:"你们这是哄抢山林的违法行为,要处理! 这些树木虽然不是庙产了,但还是国家财产,以后谁也不准上山乱砍,否则既害国家,又害自己!"山民们露出害怕的神情悻悻而去。

阮仪三觉得办了件好事,很高兴,当晚两人在寺庙借宿。半夜正睡得迷迷糊糊,老和尚匆匆叫醒他们,拽着他俩拼命跑,一口气跑到后山顶。往下一看,远处闪烁着一串火把和电筒的亮光,正朝寺庙逼近。原来,阮仪三白天的举动把山民惹火了。有人叫嚷着,"他敢断我们的财,我们就要他的命",就想在半夜报复他们。幸亏山下有与老和尚要好的人,冒险报了信,否则,说不定阮仪三就被打死在九华山了。

想起刚才那一幕,阮仪三心怀余悸。更令他担心的是,

明天这些山林还会遭殃。三天后,他从后山转到了青阳县城,下山即直奔县政府,要他们制止这种毁林行为,可是每个部门都互相推诿。激愤之下,他直接给当时安徽省的省委书记周子健发了封长达五页的电报,将山民剃光头式的踏毁山林、当地官员的官僚作风一股脑儿写上,还列了一长串名字。虽说电报费花掉了阮仪三近一个月的工资,他也不后悔,就是要把这些人告倒,否则违法乱纪、国将不国。接到电报的安徽省委对此事高度重视,严肃查处了那批人,包括不管事的官员,凡是阮仪三点了名的,个个受到警告处分。

克服种种艰难险阻,阮仪三向文物局申报了九座国家级重点保护的寺庙,通过维修寺庙、开辟上山道路、建水源地等,使九华山成为著名的旅游景点、国家级风景区。为了保持九华山的特色风格,阮仪三在规划上规定:一律不用流行在城市中的大玻璃窗、装饰性墙面,也不准用琉璃瓦大屋顶和平屋顶挑阳台等形式,以与九华山原有的白墙褐瓦的山村特色相协调。可是这种规划指导,不符合当地许多领导人的审美。他们认为这样做不气派,没有现代化的味道。比如新建的东崖宾馆和聚龙饭店,"是以皖南民居合院式的结构组合而成院落,随山势起伏,高高低低小院天井,白墙、缸瓦、木窗,诚然是一组民居的转化"。虽然后来东崖宾馆的设计获得优秀设计奖,可因为不是高楼,就被当地领导人视为眼中钉。这份不满很快被发泄到阮仪三身上。安徽省建委给同济大学发了一份红头文件,上面写着:"同济大学这几年在九华山搞的规划与建筑设计好看的少,难看的多,群众很不满意,因此决定停止实施,重新进行设计云云。"

阮仪三找到安徽省建委第一把手,把那份红头文件给他看,才发现这是某些人的偏颇想法。安徽建委向同济大学、冯纪忠先生与阮仪三再次表示道歉,一场风波在这位高水平的领导的处理下过去了。

1990年中央领导谷牧、宋平和陈慕华等同志到九华山考察,看了各个景点和设施后评价:"九华山规划建造得很有特色,我们觉得在全国风景区中九华山是做得比较好的。"[1]

1991年,阮仪三负责策划的"九华山风景区规划"获得了安徽省优秀规划设计一等奖和全国优秀规划设计三等奖。此规划有了最终的结论,阮仪三也松了口气。后来,他的研究重点大部分转到历史文化名城保护与规划上来,很少管九华山的事了。

2000年他重上九华山,发现聚龙饭店前面盖了一座大牌楼,原来依傍山坡而层层迭落的民居式样格局,变成了一幢四层楼的客房,没有任何建筑风格和空间特色;古老的寺庙被拆掉,换上了钢筋混凝土结构、金色琉璃瓦的假古董大庙。以前有着古树、水田、池塘、古寺的古朴幽雅的九华山,变成了一座俗气喧嚷的市镇。

在九华山风景区规划中,为了拆除违法建筑,阮仪三甚至冒着生命的危险。他是一个有良心的知识分子,为了华夏文化,为了中国的古建筑保护,甘愿奉献毕生的精力。可是,当看到自己刻意追求的古朴优雅民居式意境被破坏殆尽、十年前满山的古寺古木几近销毁殆尽,取而代之的是庸俗不堪的仿古建筑,他禁不住泪如雨下,喃喃道:"那都是中国古建筑的幸存精华,各朝各代都有,痛心啊!"

---

[1]《留住乡愁——阮仪三护城之路口述实录》,华东师范大学出版社,2015年。

3．"刀下留城"救平遥

有着 2700 多年历史的平遥位于晋中腹地。古城方三里，城池布局严谨，中轴对称。左城隍庙，右县衙署，左文庙，右武庙。街巷纵横交错，犹如神龟背纹，体现了"八卦"的理念。古城的灰色城墙巍峨高大、气势恢宏，是国内现存最完整的古城墙。城墙的 3000 个垛口、72 个马面、72 座敌楼，象征孔子三千弟子及七十二贤人，可谓把儒家理念融入到古城的建筑之中。这里也是晋商文化的发源地。余秋雨在《抱愧山西》一文中描述："在山西最红火的年代，财富的中心并不在省会太原，而是在平遥、祁县和太谷，其中又以平遥为最。"闻名中外的晋商称雄明清两代，留下了非常好的民居，包括 198 座明代民居、398 座清代民居，以砖墙瓦顶的四合院为主，轴线分明，左右对称，规模巨大，工艺考究，是汉民族北方古城的典型。清文人赵谦德曾有句云此城："纵目可揽山秀于东南，挹清流于西北。仰观烟云之变幻，俯临城市之繁华。"

平遥古城墙

1962 年为编写《中国城市建设史》，阮仪三跟随董鉴泓先生去山西考察，从大同、太原沿同蒲铁路南下，第一次来到平遥。接着又考察了紧邻平遥的太谷城，那是孔祥熙的故乡，城市格局与平遥相同,但规模更大,有完整的城墙、钟鼓楼、孔庙,以及各种各样的完整的坛庙和许多很好的民居。他们还去了旁边的祁县、忻县、介休以及新绛、洪洞,等等。类似平遥这样的古城少说也有 25 座,都留有非常完整的古代形态,景象阔大,让人大可领略昔日情思,给阮仪三留下了深刻印象。在当年的调查中,他结识了平遥古建文物队的队长李祖孝和李有华。

1981 年初,阮仪三带学生去山西做总体规划教育实习。到榆林后,他先借了一辆小车到周边几个县去看看,结果大吃一惊。他意外地发现:太谷的城墙消失了,深宅大院也荡然尽废;临近的太谷、介休、祁县都在大拆,而且拆得非常快,很多地方都已经面目全非,只剩下了废墟。

20 世纪 80 年代初,全国各地大兴土木,提出了"要致富,先开路""旧城换新貌"等口号。在这股建筑热潮的冲击下,很多古老的街道景观被夷为平地,为毫无品位的大楼与公寓所取代,城市建设甚至成为地区发展速度的标志。那些所谓的新的城市规划,有着惊人的相似。即以某处为中心划个圈,再划个"十"字作为交通大道;城市倘若再大一些,就划个"井",多加几条路。平遥亦如此,启用当地做规划的员工,只会一点绘画与测量的微末之技,完全不专业,一味地要拆除旧城换新城。

当时山西省建委的规划处处长赵晋普,曾是阮仪三在同济大学的学生。与昔日老师重逢很高兴,他对阮仪三说:"阮老师,正好你们来了,山西省的建设就帮我们搞一搞吧。"说着他就拿出了上述几个城市的规划部门做的图。

阮仪三看完吓了一跳。这份规划要在古城内纵横开拓几条大马路,在城中心开辟广场,在原市楼周围的交叉口建设新的商业大街。如按此规划实施,平遥古城就不复存在了。他不禁骂道:"这种图还能叫做规划图?你是学城市规

划的人,怎么会做这样的图? 所有这些图都不合格!"

赵晋普委屈地辩解:"我也没办法,阮老师你看看我们该怎么办?"

阮仪三挥舞着双手喊道:"停下来! 赶紧停止拆城!"

赵晋普马上请示省政府,得到的回复是不可能。当时全国一片拆城风,山西省也不会就此停下。平遥县文物队的队长听说阮仪三来了,就去找他。两位汉子一见到他,眼泪就流了下来:"阮老师,平遥的古城墙要被拆了,您快去救一救吧!"

阮仪三一边安抚他俩的情绪,一边脑子飞速运转着,思索对策:平遥现在这种情况怎么办? 是不是该保下来? 用什么法子保呢? 很快他有了主意,对赵晋普说:"要不咱们换个方式——全省停止拆城是不可能的了,有没有可能找一个城市去做科学的规划,先试验一下?"

其实,当时在平遥周围有十几座城市,都是历史古城,甚至比平遥更好,现在也只能留下一点是一点了。他与赵晋普商量:"与其救十个,不如先救一个,干脆先保护平遥吧。"

兼程赶至平遥,阮仪三发现,平遥西部正按规划实施着拆迁。古城墙已被扒出一道口子;马路正被拓宽;从西大门到沙巷街180米长道两旁的传统民居已荡然尽废,其中包括三十多幢明代建筑、一百几十幢清代建筑。别的城市拆了几千幢古民居,平遥的动作慢了一点,只因太穷,没钱拆!

惜古迹之日销,阮仪三特别痛心,觉得这种规划方式和思想很不对。危房应该拆,因为不能再住人,但旧房也有好有坏。就好比古董,也是旧东西,却有很高的价值,越久越值钱,房子也是一样的道理。为什么欧洲的运动叫作旧城复兴? 所谓复兴就是留存好东西,让衰亡的东西重新生长出来。所以当他看到平遥的规划,就十万分火急地去恳请平遥县领导,要求马上停止这种"建设性破坏"。县领导冷淡地甩下一句话:"平遥要发展,就得开路!"

阮仪三再三地解释:"发展经济不一定非要拆老城啊!为什么不喜欢老城就拆? 因为人们不知道它的好,等知道了以后再去找就来不及了。我们在平遥发现有近两百处明代民居,三四百处清代建筑,这些老房子是非常好的东西。特别是平遥有着非常完整的城墙,这在全国都很罕见。当时全国的古城墙只剩三座半——兴城一座,荆州一座,西安只能算半座,然后就是平遥了。这样好的城墙怎么能够拆掉呢?"

县领导的态度仍然很强硬:"时代毕竟要进步嘛,拆旧建新才能反映社会主义建设的伟大成就。"

阮仪三坚持道:"可你这个规划不对。应该把好房子留着,坏房子拆掉,另外建新区。新区嘛,可以去南边开发。我打听过了,那里的用地很便宜,300块钱一亩地。另外工业区在铁路边上,其四周都可以发展新区,但古城千万不要动。"

县里根本不理解,阮仪三又去游说山西省建委。他通过赵晋普找到建委孙主任,再次阐述自己的规划理念。孙主任终于同意让阮仪三来做一个合理的规划,但是要快,必须在一个月内做出来。至于做出来后能不能被采纳执行,还得另说,但是平遥可以暂时停止拆城了。

阮仪三看到一线希望,慨然应允。他郑重地承诺:"没问题,我就免费为平遥制定建设规划! 而且绝对不拆旧城,而是留住旧城另建新城!"接着赶紧回上海招兵买马。

就是他的这种果敢的行为,把这座有历史意义的古城从推土机下拯救了出来。当时恰逢暑假,他就来到同济大学挑选学生。要求是:除了业务好,还要能吃苦、会骑车、摄影、做木工等技能,大家全是自愿报名。最后阮仪三挑选了包括张

庭伟、史小予、于一丁、苏功洲、吴晓勤、熊鲁霞、李卫利、吴志强、张伟、沈毅、刘晓红以及李晓江在内的 12 名非常优秀的学生，其中包括 2 名女生。这些人后来都成为我国城市规划建设岗位上的精英和中坚，比如吴志强之后担任了同济大学副校长并当选为工程院院士；苏功洲成为上海市城市规划设计研究院总工程师；熊鲁霞是副总工；史小予担任了广州规划局的局长；吴晓勤是安徽省建设厅副厅长；于一丁是武汉市规划院院长；还有张庭伟，后来成为美国芝加哥大学的终身教授……

1980 年平遥古城保护规划时期师生全体合影（后排左起：张伟、任雨来、苏功洲、李祖孝、阮仪三、张庭伟、李有华、于一丁、杨路林；前排左起：吴志强、吴晓勤、李伟利、史小予、熊鲁霞、刘晓红）。另注：两李为平遥文物所所长，均已故。

阮仪三向学校借了 3000 元，星夜兼程赶回千里外的平遥。临去平遥之前，他咨询了同济大学几名教授。陈从周教授送给阮仪三两句话："老城老到底，新城新到家。"董鉴泓教授当时是城规系主任，后来还去平遥现场指导，对他给予精神上的支持。

到平遥后，阮仪三的日子并不好过。当时人们满脑子是发展经济,他却提出保护古城,很不合时宜。当地有关部门抵触情绪极大,老百姓急于拆房子拿钱,也不支持。在此背景下,阮仪三一行人在平遥过得异常艰苦,吃住都是自费。他们所住的县政府招待所,环境很脏,每个人的身上都长了虱子。大家每晚在杯子里放满水,第二天沉淀下一半黄沙,上面的清水用来刷牙。开饭前,要派女学生去食堂赶苍蝇。由于饮食不卫生,所有人都染上了菌痢。当地医疗条件差,打针也不消毒,还是阮仪三去太原市请了省院的医生过来,让学生们都接受了正规医疗,才得以痊愈。

　　生活上的苦自不必说,工作条件也艰苦非常,甚至还有人为的阻力。想借一个皮尺借不到;想借自行车,有,但不借!所以大家很多时间都浪费在走路上。要印放拍摄的建筑照片,城里的每一家照相馆都异口同声地推说:不会!阮仪三无奈之下,只好去太原买来放大机、相纸和显影、定影药水,布置了暗房,自己动手印放照片。在如此艰苦的条件下,他们手绘了双林寺、文庙、市楼、清虚观、日升昌以及多幢优秀民居,为以后让专家了解平遥古城的价值打下了基础。

阮仪三主持设计的平遥保护规划——县城用地调整意象

1983 年 6 月,阮仪三师生在平遥古城工作了一个半月,将一份"新旧分开、确保老城、开发新区"的规划编制完毕,平遥的第一个保护规划《山西省平遥县古城总体规划》正式出台了。

做好规划后,阮仪三知道保护古城,光有规划也不行,还要有钱。他就想:"我阮仪三不过是一介讲师,人家不拿咱当回事。怎么办? 如果省里不认可这个方案,一切又得被打回原点,平遥古城仍然逃不掉被拆的命运。不行,我得去北京搬救兵! 最好能把平遥申报成国家文物保护单位,如果能有这个头衔,古城就有了一个护身符!"遂定下了行动方案。

当时他们在平遥吃饭要交粮票,最后走的时候还差 27 斤粮票付不出来,阮仪三要付钱,招待所硬是不同意,不让他走,把他关了半天。后来学生先走了,阮仪三最后才走。那会儿从平遥县到火车站没有公共汽车,自行车也借不到,阮仪三就扛着图纸,冒雨在泥泞的路上走了 7 里路,只身坐火车去北京寻求支持。

到北京后,阮仪三直接去找罗哲文和郑孝燮两位元老。罗老是著名建筑学家梁思成的学生,时任国家文物局古建筑专家组组长;郑老是建设部总顾问、全国政协城建组组长。这两位在当时都是重量级的专家,人也热心,之前考察古建筑时,阮仪三和他们已经熟悉了。

"阮先生你狼狈不堪啊,赶快去洗澡、换衣服。"见到满身泥水的阮仪三,罗老急道。

"把事情谈了再说吧,平遥要保,得有中央支持啊。"阮仪三拿出自己做的规划图纸和平遥古城的照片,热切地讲解道:"中国最古老的木构建筑,排名前两位的南禅寺、佛光寺,都是梁思成和林徽因发现的。目前排名第三的是平遥的镇

郑孝燮（左）和罗哲文

国寺，可是我阮仪三发现的。你们看这些照片，大梁上的字是北汉天会七年的，不得了。"

罗老和郑老发出会心的微笑。阮仪三接着说："平遥还有一座双林寺，内有 2000 多尊雕塑，都极精彩。咱们看到的四大金刚，都穿着盔甲。可双林寺的金刚却敞开肚皮，穿着很时髦的露脐装。十八罗汉也与众不同，什么睡罗汉、病罗汉、哑罗汉、醉罗汉、怒罗汉……都是元代的雕塑。成吉思汗对汉文化不懂，也不管，就有了艺术形式的多样性，存在着明显的审美异趣。"

看到阮仪三拿出的规划图纸和一张张精彩绝伦的照片，两位老先生都傻眼了。连声说如此好的东西，一定要保护。郑老激动地说："你这个规划做得很精彩！应该按照此规划做设计。"说着，他就在阮仪三所做的的平遥保护古城规划方案上写下"这个规划起到了'刀下留城'的作用，为保护祖国文化遗产做出了重要贡献"的评议意见。罗老也当即拍板，表示要支持阮仪三。

阮仪三趁热打铁道："请你们出马，去一趟吧！"

两位老先生都是全国政协常委，他们一去山西，省长就来了。郑老对山西省省长说："这些规划是'刀下留城'的规划，是高水平的规划，你们应该认真地执行。"

省长同意了。阮仪三觉得要赶紧把这些变成红头文件，免得以后变卦。他当场请秘书在会议纪要上写上这几句话，郑老签名后，省长马上批示：希望按照规划认真执行。

69

阮仪三又想，这些还不够。规划如果没钱，还是无法执行。他知道罗老管理国家文物保护经费，就问罗老："平遥这么好的城墙已经拆掉一段了，破破烂烂的，要拿钱来修。它又是国保单位，你能不能给点修缮文物的钱？"

罗老为难道："我是有笔钱，但是这个钱是专款专用修长城的，不能挪作他用啊。"

"可平遥所有的城墙，都是洪武三年到洪武六年开始修葺的，与八达岭长城同时代。如果没有这一个一个的城墙，哪有万里长城呢？所以，这些城墙与长城同属一个体系，是万里长城的延伸部分。"阮仪三立刻辩解。

罗老一听就笑了，"你这话有道理，看来我还真能拨这个款子。"

罗老当即就批了 8 万元人民币。在 20 世纪 80 年代，绝对是笔巨款，相当于现在的 800 万人民币。阮仪三把平遥的城墙、镇国寺、双林寺报去申请国保单位①，文化部很快就批下了这笔资金，先用于修城墙。平遥县城也按照阮仪三的规划新旧分开，古城里面也要更新，但不能急。平遥终于转危为安，阮仪三也留下了"刀下留城救平遥"的美谈。

为了保证专款专用，阮仪三特意叫同济大学的研究生李晓江盯着此事。款子从北京被转出之后，阮仪三叫李晓江立刻赶赴平遥等着，两天后钱一到账就去找县长。等李晓江跟银行的行长拿着支票的抄件一起去找县长时，他简直不敢相信了。县里给李晓江的待遇也有了变化。

---

① 全国重点文物保护单位（简称"国保单位"）是国务院对不可移动文物所核定的最高保护级别。不可移动文物列入"国保单位"后，不仅能提高所在地的知名度，也可争取国家文物保护专项资金支持。

　　阮仪三又指示李晓江在平遥建立了古城保护的修缮委员会,然后成立古城墙修缮的工程队,把建筑工程师调来修城墙,这一切都落实好再回上海。后来担任中国城市规划院的院长的李晓江干劲十足,在平遥的这一段也成为他值得永远回忆的宝贵经历。

　　谈及"刀下留城救平遥"之事,建筑学家张良皋曾向阮仪三求教:"当年,梁思成哭了一大场都没能保住北京古城墙,你怎么三言两语就保住了平遥?"

　　阮仪三风趣作答:"那是请了'尚方宝剑'！我一个人的力量做不到,就去找更有影响力的人。还有一招,就是把当地所有负责城市建设的领导干部召集起来培训。"

　　原来,在平遥做规划的时候,阮仪三常感到技术干部匮乏。当地居然没有人懂得什么叫"单行道"。这使他觉悟到:要想彻底保下平遥,提高人的意识是关键,否则以后不知哪天,古城被拆的命运说不定还会重演。他想到:"我们同济大学是培养人的地方。好,我就办培训班,把平遥这些技术人员弄到同济来学习。他们没钱,学费就一分钱不收。"

　　1984年、1985年两年间,阮仪三办了三期培训班,虽然很成功,但也借了上万元的债,用了五年时间才还完。阮仪三把古城保护的关键人物,如城建局局长、文化局局长、建委主任等请到同济大学学习,给他们"洗脑"。这些人学成后回到家乡,知道应该保护古城,阮仪三的目的就达到了。他曾开玩笑,说这些人全是自己派到古城卧底的。事实上正是有了他们,才有了古城保护的具体工作的实施。

　　1986年,阮仪三亲自整理了平遥材料,竭力推荐其成为历史文化名城。在他的奔走努力,以及罗哲文、郑孝燮的推荐下,1986年12月,平遥这座中国境内保存最为完整的古代

县城,被确定为第二批国家级历史文化名城。1997年12月,联合国世界遗产委员会正式把平遥古城列为"世界文化遗产",赞之为存世的"清明上河图"。这也是中国历史文化名城保护事业的重大成就。

对平遥的保护获得了巨大成功,这为阮仪三打开了一个极其广阔的领域,他未来学术活动的轮廓基本由此而定。自平遥始,阮仪三找准了事业的坐标,率先在我国提出"古城保护规划"的课题,就此开创这一研究领域。

□4．丽江申遗小插曲

坐落在玉龙山下、海拔2400余米的丽江古城,始建于宋末元初,是南方丝绸之路和"茶马古道"的重镇及军事战略要地。它也是中国历史文化名城中唯一没有城墙的古城,城内的古街、古桥、木府、五凤楼、白沙民居建筑群、束河民居建筑群具有极高的文化遗产价值。古建筑布局错落有致,既具有山城风貌,又富于水乡韵味,自具纳西族独特风采。尤其是具有丰富内涵的东巴文化、白沙壁画等传统文化艺术,为人类城市建设史的研究提供了宝贵资料。

1996年,丽江和平遥被列入世界遗产的预备名单。为了准备申报材料和协助当地申报工作,建设部组织包括郑孝燮、罗哲文、鲍世行、阮仪三等在内的专家组,赶赴当地工作。阮仪三等人在丽江认真做了调查,回来后就准备资料上报联合国教科文组织。

就在当年的2月3日,丽江突发地震,震级里氏7.0级。地震发生时,丽江古城申报世界文化遗产已到关键阶段。古城在这次惨烈的大地震中究竟遭到了多大程度的破坏？人们的心都揪了起来。

2月5日夜里11点半，阮仪三接到了从巴黎打来的长途电话，原来是联合国教科文组织世界遗产中心的景峰先生，"丽江大地震你知道吗？"

"当然知道。"阮仪三答道。

"7级是破坏性地震，房子都震塌了吧？你们申报丽江为世界遗产，还有没有用？你的看法怎样？要不就取消吧！"景峰接着道。

阮仪三懵了，不知怎么回答好。他也知道丽江此次地震很严重，但到底情况如何确实也说不出什么，故一时语塞。

电话另一端的景峰自言自语道："1976年唐山、海城大地震是7.2级，房子都塌了，死了几十万人，城市全成了一片废墟。"

听闻此言，阮仪三的脑子瞬间活跃了起来，接着景峰的话说："唐山、海城这两座城市的住宅，大部分是解放后建的。房子全是混合结构，砖墙一塌，房子就垮了，混凝土板一层层压下来，人都跑不了。"

稍加停顿，阮仪三继续道，"而丽江呢？古城内有古建58处，近现代重要史迹27处，大多是中国传统的砖木结构，木柱与木屋架之间榫卯连接。中国有句老话叫作墙倒柱不倒，说的就是榫头像人的关节，是活的，足以对抗7级地震。我估计这次地震，房子会塌一些，不过大部分房屋问题不大，柱倒墙歪扶扶正就可以了。丽江房屋又多是一二层的瓦房，屋上铺小青瓦，楼上不住人。地震一来，屋瓦就响。瓦一响，人就会惊觉地跑出屋来，有了这个预警，后面才是大震，估计压死的人也不会多。"

听阮仪三这么一说，景峰有了信心："有道理，你能给出

科学依据吗?"

阮仪三自信地说:"中国传统木结构的构件节点都是绞结的,是一种特殊的柔性结构体,具有防震功能,山西的应县木塔就曾经历7次大地震而岿然不动。"

景峰兴奋道:"如果真像你所说的,丽江地震后损失不大,正说明了中国建筑的特色,我们可以建议联合国派人实地调查一下。你把刚刚说的情况马上写一份材料给我,要着重说明中国木结构特点,我报告给世界遗产中心。"

阮仪三立即动笔。材料写好时,天已蒙蒙亮了。随即,又用自己的传真机发给景峰先生。

之后不久,丽江的城建局局长周泓兴高采烈地打来电话:"阮教授啊,前几天联合国教科文组织世界遗产中心派了三位专家到丽江考察,发现震后大部分传统建筑虽有破坏却都能被修复。专家们的反应很好,当时赠予了9万美元的救灾经费。"

阮仪三冷静地建议他:"你们在修复丽江古城老街区时,可以乘机把不符古城风貌的、近代违章搭建的房子清理掉;你们还可以通过网络,讲一讲丽江古建筑的特点,虽经历地震却未被严重破坏;再把丽江人民正在重建家园的消息发布出去。"

周泓连连称是,果然取得很好的效果。第二年,丽江古城顺利通过了世界遗产大会的评审,与平遥古城并列世界遗产名录。后来担任丽江县副县长的周泓遇见阮仪三时,感激地说:"我们会永远记住阮老师对丽江申遗做出的重要贡献!"

在阮仪三看来,平遥、丽江等古城受保护后带来的最积极的作用,倒不在于保护了几个古城古镇,而在于国家后来出台了中国历史文化名城保护的政策法律规定,这就为其他地方的古城保护提供了法律依据。

丽江此次申遗成功,让中国传统木结构体系进入大众视野。无独有偶,20 年后的昭化古城也有类似的情况。四川省广元市元坝区的昭化古城自 2005 年起开始修建,阮仪三被请去做古城保护规划。具体运作时,有人又想做表面文章。阮仪三把一些领导请到修复效果好的典型之地考察学习,大家统一了思想。因为老房子都是木构架,先要找木料,再把德阳古建筑研究所的老工程师请到工地,确保了施工质量。如此,在阮仪三的坚持下,运用古人的木构营造法,花 2 年时间修好了古城两条老街上的木构建筑。不过,这在当时并不被人看好。

在 5.12 汶川大地震中,昭化是十大重灾区之一。经过阮仪三修复过的老房子无一坍塌,也无人死亡。居民修建的砖混结构的房子却大多坍掉。这一切,为阮仪三赢得了信任与支持。当年没修过房子的房主都争着要求政府帮他们重修改造,所有商家的态度也变了,因为修过的木结构形式的传统建筑全都涨了价,现代方匣子楼房却不值钱了。老百姓都说:"老天爷有眼,帮助诚心保护古城的人!"

古镇负责人激动地打电话给阮仪三:"阮老师,快来看啊,你们上海人真是神啊!"

阮仪三幽默地说,"我不是神,古人才是神仙,中国传统木结构抗震。"

2008 年汶川大地震后,基本完好的四川广元昭化老街民居木构建筑(左)与损毁严重的现代建筑(右)

他多次向人介绍中国传统木结构的神奇所在：

与西方砖石结构建筑"以刚克刚"不同，中国传统木质建筑是"以柔克刚"，木材有韧性，不易折断，木柱、木梁的连结用榫卯，允许小的移动，可以减轻强烈的冲击力。中国传统木结构先立柱，再架梁，后起墙，墙不承重，承重的是木构件。所以地震来了，墙倒柱不倒。这种木结构建筑体系在宋代已经完善，我们念书时就有木结构课。很可惜，现在木结构课早被取消，同济、清华、武大等都不再设这门专业课，中国传统木结构的体系没有被传承下来。我不是说都要建木结构，现在最大的问题是，我们对待古建筑的态度和认识。说到底，就是我们对自己的文化不尊重。只有做到了对悠久历史文化的尊重，保护古城才有希望。而我们保护古建筑、古城市，不是单纯用作参观、展示或提供旅游环境，也是在留存祖国古代独特的科学文化的精华。

第五章 一个老人的江南

□ 1. 不受欢迎的人

"才子佳人吴侬软,杏花春雨忆江南。"何为江南?人文地理概念中特指长江中下游以南。不过,其文学意象却具有深邃厚重的历史内涵。一提起江南,人们脑海中总会出现粉墙黛瓦的建筑、小桥流水之人家,风雅惬意的亭榭楼阁,幽深的弄堂,润湿的青石板路,桥洞下的欸乃小船,还有祖屋、祠堂、天井、飞檐,甚至于一砖一瓦,都是凝固的诗篇,有着说不完的故事。江南,是水乡人民千百年来形成的生活姿态;江南,也是一种风雅情怀,是精神上的桃花源。

可是,如果中国没有阮仪三,今日的江南会大大地逊色。

在"中国首批十大历史文化名镇"中,半壁江山都在江南。周庄、甪直、同里、南浔、西塘、乌镇这江南六镇的"兴衰存亡",竟无不关联着这位老人的名字。

平遥抢救的成功,并未使阮仪三高兴多久,他知道需要抢救的古城还有许许多多。有几位清华大学德高望重的老先生,都是江南人,对阮仪三说:"江南水乡那么美,正在被毁坏,你应该去保护啊。"

这番话提醒了阮仪三。他一直认为江南水乡古镇是地域传统文化的精萃，是承载历史的记忆。来自当地居民的包容性和创造力所形成的多元文化汇集的一个个水乡，是一座座"活"的江南文化博物馆，是他心中的中国城镇文化的理想原形，与浓浓的故园之思的载体。

可是，自20世纪80年代初，江苏省南部农村经济大发展。随着众多上海联营企业的发展，古镇人口急剧增多，交通日益拥挤，原有的河道被填埋，廊棚被拆除，老宅被遗弃，古镇保护陷入困境。见此情形，担任同济大学城市规划教研室主任的阮仪三心急如焚：

> 这样的农村建设很不合理。一是工厂乱盖，很少按科学合理布局，很不经济，效益不高；二是拆旧屋盖新房很浪费。仅仅是一个所谓的新面貌，江南一带许多风光优美的古镇就被拆得七零八落了；三是工厂不注意环境保护，废气、废水、废渣乱放乱排，造成环境恶化。目前这些无序的、不合理的建设，肯定会给今后的规划建设造成新的混乱，甚至要进行二次改建。我们城市规划专业的责无旁贷，应该去帮助这些村镇改进规划。

他去找江苏、浙江两省的建委领导部门，表示愿意自费带学生去江南水乡调研。他们同意阮仪三的观点，觉得应该指导帮助这些古镇的建设，同时这也是一项有意义的研究项目，可以探索中国农村经济的合理发展。于是专门给他开了公函和介绍信，帮助各地规划。当然，此项工作完全是义务的，既无报酬，也非政府行为，这就给阮仪三后来的工作带来许多实际困难。

最大的困难是认识上的差距。由于一些传统观念，加之"文革"十年造成的思想混乱，大部分人对历史文化遗产一无所知，认为其对国民经济发展毫无价值，对经济建设单纯的狂热掩盖了人们的理智。如此情况下，保护与破坏之间的抗争，实戛戛乎其难矣。阮仪三首战遇挫。

"吴江三十里，地号黎花村。我似捕渔翁，来问桃源津。"清代文人袁枚一首《黎里行》，道尽了古镇昔日的繁华与清幽。黎里古镇位于苏州市吴江区，明代弘治年间升格为江南大镇，有着中国最壮观的明清民国建筑，皆七八进大宅，非常少见。1985 年春，阮仪三在江南普查时，黎里古镇的明清风貌尚存：

> 我印象比较深的是到了黎里、盛泽、震泽，感觉这几个古镇都特别漂亮。像黎里一条市河穿过镇区，两旁沿河建筑全是店铺，有沿廊，座座马头墙高高翘起，一顶顶古桥跨河而建。镇上留存许多保存完好的民宅，像柳亚子故居等，还有不少名人雅士活动的纪念地。

因为紧邻沪青平公路，黎里成为建设联营工厂的理想选地。于是乎，历史遗存的老宅被遗弃；别具风格的廊檐，阻碍了建设的脚步，都被拆掉；古街的青石板，不便于行车，换成了千篇一律的水泥地；新开的联营工厂的纺织浆料污水直排入河水，河水混浊成泔水……

见此景况，阮仪三心急如焚。他觉得：这样一座美丽的古镇，如果不开马路、不拓宽老街，同样可以发展工业、发展

经济。他找到黎里的领导,愿意免费替古镇做保护性的发展规划。

想不到是,那位镇领导竟然蛮横地说:"我们怎样建设由镇上说了算,不用你们来过问。老街古宅没有必要保护,妨碍现代化的一律要拆除。你们这些知识分子脱离实际,到我们这里来搞什么教学,我们不欢迎!"

当阮仪三指责他们搞的建设不科学,是贻害人民、贻害乡镇时,此人心里极为反感,无知地反驳:"我拆旧屋盖新房、填河修大马路多气派啊,这才是搞现代化建设呢!搞什么古镇保护?"

尽管阮仪三再三地解释,并把省委介绍信给他看,可这位领导根本听不进去,还粗鲁地下逐客令:"哎,哎,不要讲,不要讲!你们知识分子脱离实际的,我们这里不欢迎你们来实习!我们忙得要死,你们不要来干扰,请你们赶快走!"

阮仪三还想争辩,那位领导却用双手把他跟跟跄跄地推出门去。更过分的是,他竟然跟在阮仪三身后,向院子里大吼一声:"这几个上海人啊,食堂里不要留饭给他们啊,不要卖饭票给他们!"

这在当时很恶劣。因为那会儿如果不在政府机构的公共食堂,是没别的地方吃饭的,这位镇领导的这招就是想把阮仪三赶走。这种经历在阮仪三的护城过程中实属罕见,是人格侮辱。不理睬就罢了,对方竟用手推,还在背后扯着嗓子大吼不给留饭,好像他们是跑到那里做坏事的小偷一样,这让阮仪三感到十分屈辱。同行者中,有人气得眼泪都要掉下来了。

后来,黎里古镇保护开发委员会副主任凌刚强不无遗憾地承认:"我们黎里确实错过了一次好的发展机会。"

再说阮仪三一行人饿着肚子又赶赴震泽、盛泽两古镇，同样不被理睬。那个年代根本没人相信破破烂烂的古镇有一天可以靠旅游赚大钱，所以都不希望阮仪三帮他们做规划，只想按自己的想法来发展，即到处建工厂，办商业。阮仪三劝他们，即使发展工商业，也应有合理的布局，但那些人根本不听。事实证明，布局方式的混乱，已经造成了很大的危害。

初次调研即铩羽而归。遇到这种情况，一般人可能就退缩了，阮仪三却愈挫愈勇，反而被激发出内在的挑战精神。眼见明代的古朴石桥被拆、清代的精致古建被毁，他特别痛心。为了保住一段历史和一种独特的生活方式，也为了老先生们的殷殷重托，虽然走了许多乡镇都不受欢迎，他依然不改初衷。

□2．幸运的贞丰里

在黎里等地遭挫之后，阮仪三意识到：江南经济发达地区的人们的脑子里只有钱。于是他改变了策略，不再找交通沿线的城镇，转而寻找尚未受到经济冲击的地方。自己要赶在产业开发之前，对古镇做好保护规划。

1985年初春，阮仪三与杨义辉老师（注：同济大学建筑系美术教授、水彩画家）聊天。杨老师告诉阮仪三："我曾到苏州市昆山县的周庄镇画画，那儿是个孤岛，不通公路，靠摇船进去，是真正的'小桥、流水、人家'。这个小镇由于远离公路，很穷，没有工业项目，还完整地保留着原来的江南水乡风光，有很多适合写生的好景致。"

阮仪三听后很感兴趣，转日，就按杨老师的指点去周庄考察。当时上海的汽车总站在老北站，他坐汽车先至芦墟，又改乘手摇船，这船也不是每天都有，用了整整一天的时间才抵达周庄。

其实，阮仪三自幼就很熟悉江南水乡村镇。在日伪沦陷时期，父亲阮昕不能去苏州电厂了，就和几个同事开办了一个小蓄电池工厂。这种小厂在没有电的乡下很热门，同里、甪直、南浔一带就有很多，生意很好。阮昕常带着小仪三在水乡到处跑。江南小镇水路通畅：从乌镇到南浔，坐摇橹的木船只有半小时航程；周庄与西塘也只隔一座桥（水闸），日本鬼子的机船也进不去，安全得很。小河汊四通八达，沿河的大石拱桥、悠长的石板路、休息的小凉亭，真是美极了。

多年以后重访周庄，相比以前，阮仪三有了新的感悟。周庄旧名贞丰里，是一个具有 900 多年历史的水乡古镇。元代中期，沈万三利用水运之便，通番贸易，周庄因而变成粮食、竹木产品的集散地，遂为江南巨镇。这里四面萦水，烟雨石桥，黛瓦白墙，临水而筑，去棹来舟，倒影如画。

穿过青石小巷，阮仪三发现这座古镇有近百座古典宅院和 60 多个砖雕门楼，六成以上的民居是明清建筑。"贞丰桥畔屋三间，一角迷楼夜未央"，南社发起人柳亚子等诗人曾雅集于周庄迷楼赋诗吟唱，结篇为《迷楼集》，成为当时诗坛的雅事。唐代诗人刘禹锡、陆龟蒙寓居钓游的南湖园，以及张厅、沈厅、叶楚伧故居、澄虚道院等古迹透露出浓厚的人文气息，昭示着历史的悠长。水乡古桥多。周庄保存了 14 座建自元、明、清代的石桥，造型优美，各具特色。其中的"双桥"（明代世德桥和永安桥），因旅美画家陈逸飞以此景作画《故乡的回忆》而蜚声海外。

周庄保存良好的传统民居生态吸引了阮仪三，他决心要把这个遒美异常的江南古镇保下来。此时刚好上海的联营企业准备进入周庄，公路已经通到江边，可以说兵临城下，大量的乡镇企业就要进来了。如果这些企业真的进来，周庄也会采取时下所有乡镇的办法：拆掉老镇建新城，填掉河流开公路，拆掉拱桥造平桥。

1986年3月9日，阮仪三带着四男二女共六个学生去周庄，准备把古镇老街区全部画下来，一一做规划。这次，他们坐长途汽车先到吴江芦墟。当时"芦墟—周庄"每天只有一班船，他们未能赶上，只得住下来等第二天的船。谁知第二天风太大，船不开，第三天才到周庄。当时周庄的小旅馆没有卫生间，上厕所要去农民家的茅坑，脏得令人难以忍受。

阮仪三主动提出免费为周庄做规划，希望能按规划设计建设。他提出的规划方案是先保护古镇，然后在古镇外面发展工厂。不过，一开始他也遭到了冷遇。镇领导觉得：这个上海人跑到这里来干什么？分明是捣乱嘛！就不理睬他。

作家冯骥才曾说：在当前城市文化保卫战中，建筑界的知识分子一直站在最前沿。他们是城市规划和建筑设计的实施者，又是决策的参谋。城市的历史文化的遗存也在他们的手中。故而，是趋炎附势而升官发财，还是坚持知识分子的良心，这是一个重要的选择。阮仪三和很多知识分子就此产生过争论，有人认为我们国家许多好的历史文物、遗迹，把它们画下来，拍照留存，很好地写在书上就完成了任务。阮仪三却觉得这样还不够，应该把真的东西留存下来，要做许多社会工作，做出很多努力。为此，他付出了代价，退出很多学会，申请国家科学基金却不被理睬，说城市保护不是技术

科学。最令他啼笑皆非的是，文科说他是工科的，工科又说他是文科的，两边推脱。阮仪三都不在乎，他觉得脚踏实地做一点真正为人民的事情，才是作为专业人员应有的态度。他经常教育学生："这一行并不赚钱，但我们做的每一项工作都很有意义。这些古城如果就在眼皮底下全被毁掉，我们无法向后人交代。"这些年来，他一直兢兢业业，从未想过名和利，唯愿在自己手上能够保住更多的历史建筑，他觉得这正是一个知识分子应该做的。

虽然在周庄受挫，阮仪三却遇到了一位有思想、有文化的基层干部庄春地，他很认同阮仪三的观点。

庄春地，1980年起担任周庄镇文化站站长，办过一个文化刊物，极力倡导文艺复兴、保护古籍，先后组织过多批画家来周庄画画，零零碎碎地搞过一些古建筑维修。他后来回忆起与阮仪三的相遇，感触颇深："当时说句实话，周庄的路还没通，可以说是一个封闭的水乡僻壤。阮教授那时到周庄来，对我这个出身周庄的小文化人来说，感到非常震撼。当时秘书叫我过去，说要见一下上海来的教授，还说阮教授提出了规划。那时不仅对我，而且对当时周庄的乡镇长，不客气地讲，可能对包含县市长这些领导来说，都还是第一次听到'规划'这个词。"

尽管第一次听说"规划"，阮仪三提出的"保护古镇、建设新区、发展经济、开发旅游"的十六字方针却与庄春地的想法一拍即合，两人成了知音。庄春地先为同济师生解决生活问题，给女学生送来一个可以临时解决大小便的马桶，又把阮仪三师生接到比较干净的镇文化站暂住。虽然没有床位，只能睡在地板上，可是与之前的小旅馆相比，大家已经很满足了。

这年夏天,阮仪三用一个暑假的时间,带领同济大学建筑系四五十位学生,仔细勘察了周庄全镇。因为规划要做很多调查,得把具体的、科学的数据拿到手。可当时古镇的居民不理解,有时把阮仪三推出门去。庄春地就协助与邻里沟通,跟在阮仪三后面跑东跑西,给予阮仪三很大的支持。除了庄春地,还有几个老同志,都对家乡有感情,也纷纷帮忙,给阮仪三很大的鼓舞。

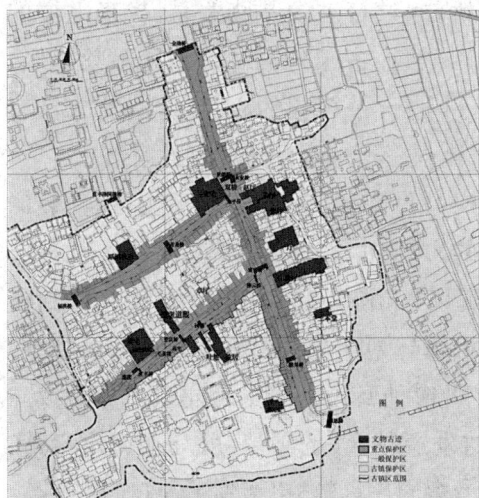

1997 年周庄古镇保护规划

根据实际测绘的数据,阮仪三把周庄的每一条河流、每一座古桥、每一栋房子都画了下来,这是人们能够看到的历史上最完整的记录周庄全貌的图纸。当然,这一切都是他自掏腰包。几个月后,阮仪三带来了另外一张图纸——周庄发展规划图。上面有三个圆圈,划定了周庄老区、新区和工业区的位置,其中 0.47 平方千米的老区是规划中的古镇保护区。正是这一规划,保护区从最初的沈厅扩展到整个古镇区,周庄古镇得以保全。

虽然在规划之初,阮仪三得到了文化站站长庄春地的支持,镇上的态度却不明朗。当时的领导说:"阮教授啊,你们不要来了。对不起,你们一来,我们挺麻烦的,不招待你们吧,我们不好意思;招待吧,我们又没钱。你们要做规划、要

住啊，我们都没办法安排。"昆山县的县委书记也在会议上明确指出："同济大学的阮老师要保护古镇，是保护落后，不搞发展是错误的，你们不要支持他们。"

阮仪三耐心地向他们解释："我这个规划，是希望指导你们整个城镇的建设。古镇不要动，可以在城北搞生产，不过最好开没有污染的工厂。"

镇领导叹气："哪那么容易啊？"

阮仪三就牵线搭桥，通过自己的一些关系，找来上海的皮鞋厂去周庄办厂，厂址放在古镇外面。镇领导不禁感慨：阮老师是好人啊！有了项目，镇领导的心定了，同时也没有破坏古镇，如此开始了阮仪三所追求的逐步良性发展。

阮仪三的秘书汪娴婷曾笑言，喜欢夹克、T恤、运动装的阮教授是个讲究实惠的人，他也要给古城找些实惠。从保护平遥古城的经验中，阮仪三悟到："只有让地方政府得到实惠，让百姓看到好处，古镇规划才能被很好地执行。搞规划，要经费，我得出点钱。"此时他听说北京大地建筑事务所设立了一个名为"大地农村发展基金"的项目，就马上提出申请，并邀请负责人金瓯卜考察周庄，成功申请到了5000元资金。

"实惠来了！"收到拨款资助的消息，阮仪三高兴极了，他要求直接把这笔款项全部汇入周庄镇的账号，并说明凡是为规划的事，只要镇长和他同意就可以使用。在那个"一毛钱能吃一顿早饭"的年代，5000元是很大的一笔经费。有了这笔巨款，镇领导转变了态度，对阮仪三另眼相看，全力支持他搞规划。后来，阮仪三成为苏州市的政府顾问、周庄的总规划师。第二年，阮仪三从大地农村发展基金会又申请到5000元，就直接用在角直古镇的保护上。

为了保证规划能被切实执行，阮仪三把有关领导请到周庄,让他们对镇领导说:"阮教授做的规划,具有一定先进性,希望你们执行。"又逼着首长拟定红头文件,规定所有的城镇建设,都按照同济大学所做的规划执行。

自 1986 年起,周庄对传统建筑进行了详细的普查和维修,先后修复了张厅、迷楼等一大批古建筑,恢复了历史人文景观十余处,修复古桥 10 座、石驳岸 5100 米、河埠 201 座,完整地保持了"小桥、流水、人家"的江南水乡风貌,其建筑群体及独特格局,在整个江南水乡古镇中位列第一。

在周庄的规划建设中,阮仪三一直坚持保证原汁原味。灰色的古墙没有刷成白的;断了的桥栏杆,就让它断着,留着历史的场景,即原真性;"家家门前泊舟航",水巷是周庄的特点,前前后后的水巷也被留了下来。

他还极力想办法帮助周庄推广旅游,把论坛开到周庄,把摄影师请过来。他告诉《中国新闻周刊》记者:"家家枕水而居,户户踏级入水,那美情美景让所有人都痴迷。尤其那些到周庄的老外,拍照拍得最后胶卷都不够用。"周庄也是江苏省第一个卖专业反转胶片的村镇,老百姓开始在街上卖馄饨、可口可乐、粽子、熏青豆等,后来开饭店、旅馆,周庄的游客也越来越多。

□ 3．以死保周庄

在阮仪三的规划下,周庄重焕生机,旅游逐渐红火。为进一步发展旅游,1998 年底,苏州市规划修建一条公路。阮仪三犀利地注意到·开旅游公路没错,但具体线路的走法不对,打算从周庄内部穿过。这条路如果开成了,好比在美人

的脸上划一刀，肯定会对周庄造成环境的破坏，还将带来一系列严重的后果。

公路很快开到了周庄门口。阮仪三却铁了心要阻止此路的修建，为此不惜与各级官员发生正面冲撞。1999年9月，公路已经动工，阮仪三写信给苏州市领导，明确提出这条公路不妥，希望改变线路，不然会对周庄古镇造成破坏。特别是周庄正在申报世界遗产，此举会带来不良影响。但他的意见未被接受，公路还是照原方案施工。

2000年1月，公路开到周庄镇边，开始挖土垫路基。阮仪三再次写信给江苏省委领导，同时抄送了苏州市长。但没有起到作用。

阮仪三绝不妥协，为了周庄，他拼了老命也要上。之后他连续给苏州市、江苏省写信反映情况，又在其后的全国历史文化名城保护专家委员会以及苏州市古城区规划评审会上，强烈反对开这条路。

2000年9月，路基已经修好，还灌浇了混凝土路面。此时，与阮仪三同心的周庄镇政府顶着极大的压力，坚决反对开路。于是路修到周庄镇边，仅隔一条小河，成了一条断头路。

2个月后，联合国专家们对江南六古镇实地考察，看到周庄开公路的情况，感到不可思议，对这种不顾古镇环境修公路的行为很反感。他们写信给中国政府领导，郑重地告诫不要因小失大。随即，上海《新民晚报》首先刊载了周庄开公路破坏环境的消息。之后上海卫视、中央电视台、中央人民广播电台都报道了此事，并对阮仪三进行新闻采访。这些实事求是的反映，给苏州市政府很大的压力。

一些领导无非是为了面子，自己说的话一定要算数，为此明知建公路是错误的,还是死不更改。这时就有人劝阮仪三:"算了吧,阮老师,别坚持了吧,咱们胳膊扭不过大腿。"

阮仪三倔强地说:"我不是胳膊,我是腰!"他说:"你不是要开路吗? 如果一定要开,我就躺到马路上去,让汽车轧死算数!"在他身上,绝不只有闲适、温雅的一面,亦有血脉偾张、愤激决绝的一面。

好在第二年6月,APEC贸易部长非正式会议选在周庄开半天会,这场纷争才最终尘埃落定。当时的首席谈判代表龙永图说:"特别选定半天会议在周庄举行,是为了向世界证明,不管怎么样开放,中国政府有能力保护好自己的文化。在这一点上,周庄具有特殊的象征意义。"

倘若没有阮仪三的规划和以死抗争,周庄也许和其他江南水乡一样,很快就毁了。正是他的努力与奋争,才为江南水乡保存了一线文脉。如今,周庄蜚声中外。世界著名建筑大师贝聿铭称周庄为国宝,周庄被美国内华达州授予"世界最具魅力水乡"称号,被评为"中国最值得外国人去的50个地方""世界最美的十个小镇"。

为了长久地保护古镇,也为了提高古镇居民的生活质量,阮仪三和地方政府商量,将门票的10%作为古镇保护基金。他用三年的时间把周庄古镇排水、电线等所有基础设施重新完善,使古镇文化与现代生活实现了和谐相融。30年来,周庄本身的环保生态价值,远远高于周边一时兴起的工业小城镇。在2000年仅门票一项就收入5000万人民币,由此带来的相关总收入达到了4.8亿! 正是依靠保护完好的古镇,周庄才取得如此收益。这也恰恰证明了阮仪三所提倡的"发展与保护并行"的理念。

他曾以"刀下救平遥""以死保周庄"等特殊甚至有些过

激的方式去保护中国古城遗迹,拼命留住中华民族文化之根。在他的誓死保护下,经他主持规划后,很多古镇名城不仅被存留了下来,还名噪天下,为当地带来了滚滚财源。周庄人开心地说:"过去沈万三有一个'聚宝盆',现在我们也有个'聚宝盆',就是阮仪三!"

阮仪三也很高兴,虽然他并未因此而发财,却又一次证明了自己!更令他高兴的是古镇居民的保护意识已经开始走向自觉。当初阮仪三做保护古镇规划时,当地人的风言风语说:"你们上海人自己住大高楼,还非要让我们住破房子。"可现在,他们会非常骄傲地告诉你:"这是明代的建筑,宝贝!"

□ 4．乌镇保护的曲折之路

"两两归舟晚渡关,孤云倦鸟各飞还。月明乌镇桥边夜,梦里犹呼起看山。"这是明代诗人史鉴夜泊乌镇有所感而写下的诗句。乌镇位于浙江省桐乡市,是一座拥有 1300 多年历史的文化古镇,出过理学家张杨园、藏书家鲍廷博、著名作家茅盾等名人大家,《昭明文选》编纂者梁代太子萧统也曾在此读书。全镇依河成街,民居皆沿溪河而造,至今完整地保存着 20 多万平方米的明清建筑。茅盾曾于文中描述:"人家的后门外就是河,站在后门口(那就是水阁的门),可以用吊桶打水。午夜梦回,可以听得橹声欸乃,飘然而过……"水阁是乌镇独有的风貌,是一种建于水上的沿河民居。房底是空的,用木桩或石柱钉于河中,上架横梁,搁以木板,上建房屋占水不占地。水阁人家开窗见水,临阁品茗,别有一番情趣。

罗哲文先生得知阮仪三保护规划周庄这件事,非常高兴。

1984年,他找到阮仪三:"乌镇的茅盾先生故居,已定为国家文保单位。你去做个保护规划,把这个古镇也很好地保住。"

于是,阮仪三拿着盖了文化部大红印章的介绍信,带了一个老家是乌镇的、非常得力的助手张庭伟,一起去当地搞调研、做规划。那时乌镇还有极好的古镇风光,古韵十足。阮仪三的规划主旨就是要保护古镇原有的历史环境,留下茅盾先生笔下的风情,同时兼顾到城镇的现代化发展。当时,所有调研和规划都是阮仪三自己贴钱。

规划做好一年后,沙盘也出来了,这时镇领导提出,要在古镇开马路。他们觉得参观茅盾故居的游人越来越多,如果修一条公路,外宾和领导来参观也方便。当年从上海到乌镇还很不方便,要到南浔换船前往,或先到桐乡再换乘自行车。为了载客,车主在载重自行车的书包架上,另加一块木板用螺丝固定,比原装的书包架要长一些,这样可坐两人,不过乘客的行李却要自己抱在手上。如此在田间小路上骑行,可谓那个时代的新兴产物。当时到同里、角直都是这种交通工具。也正是因为这些古镇不通车,所以没有工业企业入驻,古镇才保存着原有的风貌。

阮仪三心想:古镇本身很完整,十字型的街,要修公路不就把古镇破坏了吗?于是,马上赶到乌镇。镇政府正在开会研究开路的事,阮仪三冲到会场,陈说了利弊,把会议搅散了,却仍未说服当地领导。他又跑到北京找到罗哲文、郑孝燮两位专家,请他们拟就了一个"不能破坏茅盾故居周围环境,希望按同济大学的规划方案进行"的函件。这个文件转给桐乡县政协后,修路的事暂停了下来。

1987年,桐乡市换了领导,又提开马路的事。这次他们对阮仪三封锁消息,把熟悉他的人也调走了。古镇被"开膛

破肚",修了马路,还盖了现代化建筑,古雅的风光全被破坏了。阮仪三还是在两年后,陪外国朋友到乌镇才得知此事。当时他既心痛又气愤,不过事已至此,也只能保持沉默。

到了 20 世纪 90 年代,周庄、同里相继红了起来,乌镇的人有了危机感,便又来找阮仪三去亡羊补牢。桐乡市委的龚书记对他说:"我们过去历届政府由于缺乏远见,对古镇人民欠了债,今天是来还债的。能否还得清还不好说,但我是桐乡人,是乌镇人,让我做一个桐乡人的赤子吧,赤子之心是不求回报的。"

这番话很让阮仪三感动,觉得遇到了诚心诚意热爱家乡、热爱人民的地方官了。果然,桐乡市政府准备了 20 万元启动资金,还联合 13 家单位筹集了 1250 万元,成立了"乌镇古镇保护与旅游开发领导小组",委派时任桐乡市长助理的陈向宏去乌镇负责开发事宜,并请同济大学历史文化名城研究中心进行论证和规划。

阮仪三被市领导保护古镇的诚意打动,再度出山。他从同济大学调动了优秀得力的骨干,用了 8 个月的时间,从古镇的建筑策划、总体保护规划、历史街区的详细规划,一直到具体的古建筑修复施工图,都一一认真做全。现在的乌镇就是按这个规划整修的,保持了古镇的风貌,非常美。

乌镇古镇保护与旅游开发领导小组,在把规划蓝图具体落实的过程中,付出了汗水与心血。他们也曾面临资金链断裂的窘况,陈向宏为此被撤销了相关职务。苦恼的他跑到阮仪三家中,委屈地留下泪水。阮仪三安慰他:"你的那些政协主席、旅游局局长都是虚的、挂名的,但是乌镇不能丢,你的乌镇管委会主任这个权要抓住、管住。你没有错误,只是时间问题。你得挺住熬过这个难关,得把这烂摊子收好。"

当时,学术界对乌镇有许多异议,阮仪三力排众议,支持乌镇做下去,乌镇也坚持下来了。他们筹集到一笔资金后,彻底翻身。2000年10月,阮仪三与联合国教科文组织专家一起来到乌镇参观,肯定了乌镇的保护方法。他认为乌镇这种对于古村落的保护方法值得世界借鉴,应该作为一个模式来推广。在《护城笔记》一书中他如此写道:

> 经过整修,原来在老街已铺砌好的水泥路面,又重新换成了明清时代的石板路。石板的铺设完全按传统的方式,但在石板下面安排了供水及下水管道,原来架空的电线全部下了地。
>
> 现在走在这条被鞋底磨光的古老的石板路上,会使你感到岁月留下的痕迹。沿街的铺面、老店、老宅,用的都是陈年的木门木窗,木结构修好后也不是油漆一新,而是按老法桐油两度。墙面经过修整,不再是断墙烂砖,被砌得牢固结实,但不是粉刷一新,而是在白粉里渗了黑灰,力求呈现原来面貌。沿街房屋不是整排拆除重建,而是坏什么修什么,半座墙,一片屋顶,几扇窗门,哪儿坏了修哪儿,既不会走样,也不会出格……
>
> 乌镇的修复,着意重现茅盾笔下的古镇风情,现在你可以重温昔日的场景。时代已经不同了,但景色依旧,故人已逝,迴响仍续唱。

□5．水乡遗珠

对周庄、乌镇的保护规划成功后，阮仪三对西塘、同里、角直、南浔等江南古镇，也相继编制了总体保护规划。此期间，他也遇到许多困难。比如，在他为南浔做好新旧分开的规划方案后，因为新区工业发展很快，古镇区也开始改建老房子，盲从趋时地盖起了新式楼房，还仿造了一个小天安门城门楼。阮仪三对此忧心忡忡，担心南浔即将沦为没有特色的平庸城市了。他在自己被授聘为湖州市政府顾问的大会上，毫不客气地向市委书记提及此事。此后，南浔古镇开始了认真的保护规划和整治，做到老镇新区两相辉映。

在对西塘保护时，由于当地政府严格执行了阮仪三的总体规划，对古镇精雕细琢地修复，历史遗存都恢复得很好。不过，随着游客越来越多，过惯了农家生活的居民思想起了变化。特别是很多外来做生意的，为了赚钱卖起了假冒伪劣产品。镇长去管，被老百姓联合起来攻击，说政府管得太宽，法律没有规定不准开店。镇长顶不住了，找阮仪三去调解。阮仪三以保护古镇为出发点，把这些人说得哑口无言。他再三强调："古镇旅游的发展，是历史文化遗产发展的战略内容，是文化现状、文化传播、文化建设的载体，不能把它当作赚钱的资本。"

阮仪三所做的工作，不是不要建设，而是要合理建设，用技术手段留存历史记忆，同时使这些城镇照样富起来。让他觉得欣慰的是，通过自己的工作，古镇人民的认识真正得到提升，更重要的是留存了祖国优秀的文化遗产。

经过他长期不懈的努力,周庄、甪直、同里、南浔、西塘、乌镇等古镇得到保护。2003年12月9日,联合国教科文组织向阮仪三以及他一手规划才存留至今的周庄等六个江南水乡古镇,颁发了亚太地区文化遗产保护杰出成就奖。该组织认为:"20年来阮仪三艰苦卓绝,他主持的周庄、甪直、同里、南浔、西塘、乌镇古镇保护规划,对于江南水乡古镇的大范围保护、对于活的文化景观保护,是一块重要里程碑。这个项目将对这些城镇未来的发展,并且对整个中国的保护实践产生重要的影响。"

阮仪三获得联合国教科文组织遗产保护委员会颁发的2003年亚太地区文化遗产保护杰出成就奖

阮仪三从联合国教科文组织官员理查德手里,接过了"2003年亚太地区文化遗产保护杰出成就奖"证书,并打趣道:"我成绩不大,脾气不小。这辈子连个优秀教师都没评到过。没想头一遭,捧上的是联合国发的'里程碑'。"

如今,六座水乡古镇的联合体"江南水乡古镇"受到联合国专家的垂青,并联体申报世界文化遗产,令曾亲手规划过这六座古镇的阮仪三高兴极了,就像自己亲手养大的

孩子成器了。江南六镇的行政体制不在一个省,有些领导的申报目标并不在这儿,造成一些困难。不过令他欣慰的是,这顶帽子有没有没关系,重要的是,自己留存了这些好东西。

后来,阮仪三还保护规划了江南后六镇,其中包括山明水秀、风物清丽的浙江省宁海县的前童镇,三国孙权吴大帝后裔的聚居地龙门古镇,有着"师爷之乡"之称的绍兴安昌古镇;江苏的园林古镇木渎;临水而居的上海新场,依山傍湖的朱家角。有人问阮仪三:"都是小桥流水人家,留那么多干什么?"

阮仪三摇摇头:"那是你没看出名堂。此小桥非彼小桥,此流水非那流水。周庄是水弄堂,没有路的,'家家门前泊舟航'。乌镇的房子架在水上,唐诗里写'君到姑苏见,人家尽枕河。古宫闲地少,水港小桥多',坐卧床上听得到水声。角直以庙兴市,保圣寺里面有唐代罗汉像,民风古朴。西塘到处是廊子。为什么有廊子?因为绍兴黄酒西塘出,当地人习惯站在柜台前喝酒,因着廊子,逢下雨天,喝酒的人鞋子不会湿。一样都有廊子,但这个廊子是两面坡的,那个廊子是一面坡的。有的是腰檐,有的用柱子撑起来;南浔的廊子上面有楼,因为那个地方富;同里又不同,桥桥相连。当地人到了60岁,一定要到三个桥上走一走,回家吃碗长寿面。闺女出嫁,花轿也要在桥上兜一圈,叫"过三桥"……"

2001年,中国邮政发行水乡古镇邮票一套六枚,由黄里设计,阮仪三撰写小本票说明文字,令人充分感受到了江南古镇的各具特色:

由黄里设计、阮仪三撰文的水乡古镇邮票

周庄　繁华的商业市镇,前街后河,前店后宅,家家枕水而居,户户踏级入水,双桥有佳话,迷楼遗诗情,桥楼相峙,画窗映波,凭栏闲情,水乡美景尽收眼底。

同里　恬静的居家市镇,湖塘怀抱,河道纵横,拱桥跨波,退思园、耕乐堂,名园老宅犹存,河沿小路旁,竹树掩映着白墙黛瓦,洋溢出一片水乡柔情。

甪直　因唐代创建保圣寺而兴寺建镇,遗存唐代彩塑和斗鸭池,古树、古墓勾人怀古情思。小河、小街、小店、小桥及水乡妇女们的清丽服饰,独具风韵。

乌镇　幽雅的河街市镇,修长的街巷,昔日的廊檐、石板路、水阁房,引人遐思,小船悠悠,河水涟涟,纯朴明净。老茶馆、老药店、老作坊、古戏台,古趣盎然。

南浔　盛产蚕丝的古镇,素有崇文重教之传统,嘉业堂藏书楼、小莲庄大花园,文化底蕴深厚,百间楼处,河道弯弯,倒影重重,风光旖旎、婉约。

西塘　盛产黄酒的鱼米之乡,河道开阔,细柳拂水,碧波漪漾,河沿廊棚连绵数里,瓦屋檐、马头

墙高低错落,鱼市、花市、酒坊,令人陶醉流连。

在阮仪三心中,每个江南古镇都有自己的韵味和美感,都是那么诗情画意,但细细品味又有不同之处。正是这细微的不同,才使得江南水乡有着百看不厌、多姿多彩的魅力。

当年阮仪三对江南地区踏访与勘查时,眼见着被毁掉的古镇就有五六十个,都是在 20 世纪 80 年代以后的大规模建设中消失掉的,变成了粗陋的所谓现代化城镇。每当他想起那一处处曾经想保却未能保住的历史遗存,看到已经绝版的当年拍下的照片,都会痛心地对来访者说:"你看,它们可一点都不比周庄差啊! 这样的江南水乡有不下二三百个,都毁掉了!"

□ 6. 送对手去上学

平遥古城之所以能保护成功,经阮仪三后来归纳,就是因为相信群众、相信党。相信群众就是走群众路线,做下面领导干部的工作;相信党,就是解决问题的关键是党的第一把手、地方政府的领导。把地方政府的领导影响了、教育好,事情就好做了。

当他开始保护江南古镇时,就想:要保住江南水乡,关键是镇长们,让他们从心底认识到保护古镇的重要性,特别关键。该怎么解决这些问题呢? 他最大的动作,就是给古镇的基层领导办培训班。第一期在国内,阮仪三把周庄镇的镇长庄春地请来,叫他做培训班的主管,自己做培训班的主任。接着,他又请来联合国的主要领导。这个级别的外国领导一露面,省、市的领导干部就来了,阮仪三的地位马上高起来了。他在那儿牵线搭桥,开始"巡回演出"。周庄、同里、乌镇、角直、西塘、南浔,每个镇两天,一连办了两个礼拜,把古镇巡回了一遍,等于现场教育了。

"你看周庄现在好吧? 好就跟着学吧!"这是阮仪三的办法。所有的领导干部到古镇现场一看,在思想上受到很大的震动。国内培训完,阮仪三又把这六个镇长带去国外,下了很大的功夫。一开始报批时没有批下来,因为作为政府代表团,去的成员又都是镇长,需要有比镇、市长高一级的领导带队。阮仪三没有行政职务,只是教授,就请建设部规划司和国家文物局的两个司长做正副团长。他自己也是副团长,主管所有事情,包括对内对外联系,还要动脑筋筹集资金。

1998 年,阮仪三带领六个镇长到欧洲学习,参加联合国教科文组织开展的世界遗产保护知识培训。镇长们认真听取了著名专家的授课,也看了许多被列为世界遗产名录的欧洲历史城镇。他们还去了法国最老的酒窖,在波尔多,收藏的都是上千年的老酒。酒窖主人说:"这些酒瓶从罗马时代到现在一直是这个老样子,我们一千年都没动。"壁炉上的酒瓶挂满了一层层的蜘蛛网,一看就是自然形成的,其历史文化价值不言而喻。当然这个酒厂也出了名,酒卖得特别贵。

参观之后,镇长们很有感触,都是发自肺腑的。特别当他们看到,那些西方的市长们在村镇里陪着中国客人的时候,碰到当地居民求助时,既随和又尽心,不断地处理事情,那种为自己的城市尽心竭力去服务的精神,大家都看在眼里。

有人说:"看看人家的古镇是怎么保护的? 人家的城市旅游业是怎么经营的? 人家的市长都全心全意地为家乡服

务,是家乡的儿子。我坐在这个位子,脑子想的全是位子。位子能保住、能往上爬的事情我做;要让我下去的事情,我不做。说得难听一点,明知是坏事,对位子有好处我也要做。那我对家乡的良心在哪?扩大了说,我的爱国心在哪?"

回到宾馆,阮仪三开了个座谈会,让大家自由讨论。庄春地说:"我有深刻的体会,人家之所以能做好事情,关键是人。他们的市长,按我的评价都是活雷锋,真是全身心地放在古镇的上面,没有任何个人的利益。"他们在参观时了解到,那些市长不拿工资,都是有家产的人。比如其中一个市长,就是上文提到的酒窖的主人。同时,这些市长一般也是选出来的,被选上的都是在社会上有地位、有文化、有家产的,为了保护家乡文化,他们有时也会把自己的钱拿出来。

镇长们的认识有了一个质的飞跃,历史文化遗产的保护工作有了很大的提高。2000 年 5 月,阮仪三又组织历史文化名城的领导干部去联合国世遗中心接受培训,考察了法、德、意三国的 10 多个古城。2000 年 11 月,他请联合国世界遗产委员会的顾问到上海,继续为这些干部进行集中培训。这些培训,对许多古城镇的保护起到了非常关键的作用。在阮仪三看来,人是最关键的。古镇有了有着正确理念的领导者,江南水乡的合理保护与开发才有切实可靠的保证。他能保下这些古城古民居,这是很重要的一点。

江南六大古镇要申报世界文化遗产,阮仪三却希望申报的过程慢一点,因他深知有些古镇急着发财的心理。唯有慢一点,镇里的领导们才会虔诚地提升自己对古镇保护的认识,认真地维修,虚心地听取专家的建议。

过去,他曾被很多古镇领导视为"不受欢迎的人"。现在回过头看,那是因为当时他的行为逆潮流,所以会被赶走。

现在这些人看到被保护的古镇所带来的好处，也想保护自己的古镇了，就去请阮仪三回来，帮他们规划规划，像他帮助保护周庄一样。阮仪三叹息说："你这古镇原来比周庄还好，现在像一只鸡一样，毛都被拔光了，头也砍了，你硬要它生蛋，它什么蛋都生不出来了。"

令他欣慰的是，几十年来一直专心致志地保护古城，他并不求任何回报，也不追求任何名利，只求做的事情有价值。不过当他确实做了一点事情后，国家人民也会给他回报、认可！比如平遥、丽江等地的人们，逢年过节都会去看望阮仪三。周庄、乌镇的镇长也每年去他家拜年，带一只鸡、一条鱼、一只蹄膀。阮仪三劝他们不用来了，他们却坚持说："我们必须来看您，您是我们最重要的亲戚！"这是因为阮仪三心里有他们，他们心里也有阮仪三！

一直到现在，聘请他担任总规划师的周庄、苏州，这些地方所有的历史建筑要拆迁、修缮，必须找阮仪三签字。

第六章 发现、抢救与振兴

□ 1．慧眼发现隋唐名园遗迹

新绛县古称绛州，位于山西省西南部，春秋时曾为晋都，历史文化积淀尤为丰厚。早在 1964 年，阮仪三随董鉴泓教授就来过新绛。这座几乎完整留存了唐代景址的古城，令阮仪三怦然心动。他曾在《古城笔记》中描述了当年的情景：

新绛的城墙还很完整，高大的墙体已有破损，但尚具规模。入城见鼓楼、钟楼高踞在城北高坡地，鼓楼是少见的三重檐的楼阁，造型峻美，已年久失修。屋瓦残缺，漏空的椽木，洒下一条条长方格子的阳光。对面是刚修缮的钟楼，规模较小。当时听人说修鼓楼的资金尚无着落，引起我的担心。城内土街、深巷、民居古朴雅秀，还留有坊里的建制，巷口立有坊柱，这是唐代遗风。

就在鼓楼旁边是新绛中学的地盘，我查过资料知道这就是原来新绛县的衙署。进校就见到一座宏大的古建筑，这是县衙的大堂，唐代领兵大元帅张士贵曾在这里驻扎。县衙后面就是著名的"绛守居园",真是相见恨晚。我小时候就看过薛仁贵征东的故事,知道张士贵这个夺人功劳的贪官,在中学时读过《绛守居园池记》这篇古文,对这座花园有精彩又深奥的描写。中学语文老师说,读懂了这篇文章,你们的古文就过关了,所以留下很深的印象。

　　他在新绛发现的这座园林,不仅特别精美,而且资格极老,古老的沧浪亭比它还晚 400 年。这座中国现存最古老的园林,也是唯一的隋代私家园林,因为当地经济落后,一直未被动过,保存得很好。凑巧夜降大雨,汾河泛滥,浮桥被冲掉,阮仪三滞留在新绛七日。为了记录这座古老的、有特色的城池和隋代名园,他找新绛中学的几个学生帮忙,借了皮尺,把绛守居园和县城的主要格局简图测绘了下来。

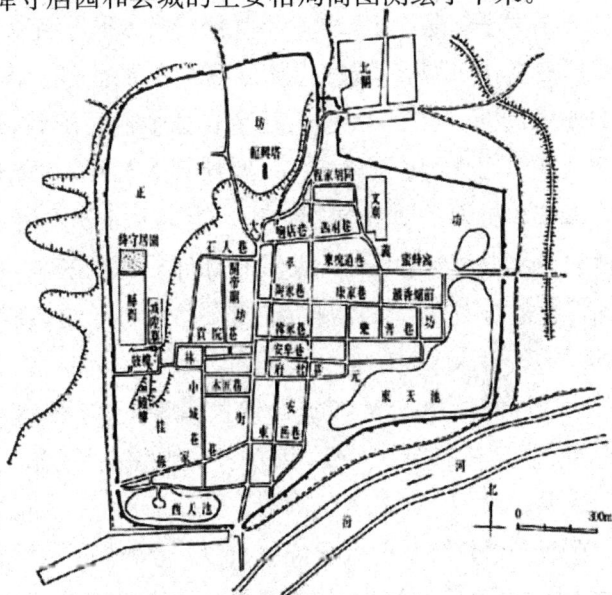

阮仪三绘制的新绛古城平面图

20世纪80年代保护平遥古城之时,因担心新绛也遭破坏,阮仪三在1984年又专门去了一趟新绛。他发现古城开了一条大马路,许多传统民居被拆除,原有古朴的唐代街坊格局已支离破碎,失去了当年的景象。此时,大拆大建尚未成规模。阮仪三认为这么珍贵的城市,一定还有好东西,就仔细勘察。果然,他发现了隋代形制的亭子、隋代城墙的遗址,城中还留下一个完整的县衙大堂。这个大堂看着像元代的建造,但是当地人说是唐代名将张士贵的大堂,原来它的屋顶是元代的,柱子是隋代的。这些发现带给阮仪三意想不到的惊喜。他知道:隋唐的东西几乎没有留存下什么,当前人们知道的,只有梁思成、林徽因发现的两个唐代木结构建筑,我国目前尚未发现隋代建筑留存,这在中国建筑史上是一段难以填补的失忆的空白和历史断层。所以,阮仪三在新绛的这个发现,具有极其重要的历史文物性、学术资料性及艺术代表性,十分珍贵。

为了保下这些珍宝,1986年阮仪三极力推荐新绛成为国家级历史文化名城。不过,新绛县政府并不理解这个文化名城的作用,也不积极。阮仪三就亲自替他们写资料,还在评审会上帮他们介绍。他知道,只有被列入名单,才能保住尚存的古城和里面的重要文物古迹。当时几乎所有专家都不知道它,阮仪三拿出了新绛大堂和绛守居园的资料,说这是中国仅存的"隋唐名园之城",一定要珍惜。于是,新绛顺利地进入了名单。

有了国家历史文化名城的称号,新绛领导开始重视古城。2012年,新的领导上任,有了一系列的保护措施,还请阮仪三做规划。

重新考察新绛县衙大堂,阮仪三发现大堂的斗拱看似元代的式样,覆盆莲花瓣的柱础却是宋代的东西,柱梁上的彩画斑驳又像明代的遗迹。之后,又发现木柱上留有凹凸起伏的柱面,似乎是唐代木工留下的锛纹的印痕。他兴奋地说:"太精彩了,这里肯定还有唐朝的东西!"

于是,他叮嘱正在大堂前院对遗址进行考古开挖的考古队当心一点。果然,在地下一米处发现了砖块砌筑的甬道。甬道由有唐代年号的砖块砌成,毫无疑问是唐代遗址。阮仪三猛然想到,自己在浙江宁波慈城做古衙城保护时,也发现过唐代的甬道。两者形制相仿,不过新绛大堂的建筑年代更早于慈城。他脱口而出:"绛州大堂是唐宋元明清,从古看到今。"

阮仪三希望他们认真仔细地按科学方法进行考古发掘和整修,尽量原真地留下痕迹,不要急于大肆宣扬,切实地保护好这些珍贵的国家级历史遗产。在未来的规划里,这条甬道将被玻璃罩上,得到应有的保护,并能让人们观赏。

新绛,这座中国仅存的隋唐名园之城带给阮仪三惊喜连连,难怪他会发出如此感慨:"隋唐的古意顿时出现了。时空的穿越,往事千年,眼前的景色留住了往日的闲情。"

□2.平江路的文化振兴

　　残月,垂柳,老宅 /小桥,流水,人家 /彳亍在平江路的石板上 /历史虽然已经远去 /阊阖的銮驾曾在这里停留 /范成大疏浚的河道还缓缓地流淌 /已不见昔日的渔火 /茶吧里溢出咖啡的余香 /洪钧和赛金花的艳事 /雪糕孝子的桥头 /河沿上有流连迟归的倩影 /顾颉刚的书斋 /唐纳的小楼 /斑驳的墙

头漏花窗里可寻觅故人的踪迹 /一道道风景自己在叙说着历史的故事 /古城还活在苏州人的心里,平江路啊,留住了人们的记忆……①

　　有人曾说,到苏州不到平江路,就永远读不懂苏州,这是因为平江路浓缩了整个苏州古城的精华。平江路是一条依傍平江河的小路,北接拙政园,南眺双塔,与观前街有一巷之隔,全长不过 1.6 公里,却是苏州现存最古老的一条街巷。早在南宋的苏州地图《平江图》上就有记载,为苏州东半城的主干道。因河路狭窄,河上行摇橹船,路上过黄包车,形成了"水陆并行,河街相邻"的水乡格局。河道西面的民居多为素墙玄瓦、雕花窗格的老房,藤萝蔓草掩映其上,彼此借景,两两相望,如水墨画一般美丽。古桥、古街、行人倒映于波光水色中,演绎着历史。

　　这里走出了诸多名人,如宋代宰相丁谓、清代藏书大家黄丕烈、历史大师顾颉刚、学者郭绍虞、电影导演唐纳、大中医钱伯煊、水利工程专家潘镒芬等,实为人文荟萃之地。与平江路垂直相接的是诸多狭小的街巷,比如狮林寺巷、传芳巷、东花桥巷、曹胡徐巷、大新桥巷、卫道观前、中张家巷、大儒巷、萧家巷、钮家巷等,每个名字背后都可能有着长长的故事。阮仪三曾写道:

　　　　我非常留恋苏州平江路这条历史名街,这里是我青少年时期居住生活过的地方,真是一步一个

---

　　① 摘自《平江即景》,阮仪三作于 2011 年 9 月 4 日遗产保护劳动营开幕之夜。

景,一回头就会和一个名人故居擦肩而过。

　　这里最出名的是洪钧状元和青楼女子赛金花的故事,这里有史学家顾颉刚的宅院。古老的桥名叫胡相思桥——"为什么相思啊?"错了,原名是"胡厢使桥","厢使"是相当于副市长的官名,还是宋代的名称。师婆桥和桥旁的尼姑庵有关;雪糕桥背后是一个孝子的故事。平江路上还有董氏义庄、汪氏义庄,"义庄"这两个字就费你思量,即是现代的慈善机构,因为是公共建筑,房舍高大众多,现在都开成了旅馆、茶社……

　　阮仪三一直关注苏州。1958年他曾随同济大学师长保护苏州古城;1961年他的毕业题目就是《苏州老城市中心规划》;毕业后在带领学生所做的课程设计中,也一直做苏州的项目。1982年苏州成为国家级名城之后,他又一直参与城区的保护和规划。当年他是小字辈,和吴良镛、郑孝燮、罗哲文等老一辈学者同属专家委员会,一同制定方案,前辈告诫他:"阮仪三,你是苏州人,要把苏州看住!"

　　前辈们的忧虑不无道理。20世纪80年代开始,苏州古城也拓宽道路,拆迁旧房,开始新的建设。加之刚经历"文革",城建方面欠账突出,文物古迹损毁严重。原南京大学校长匡亚明与老专家吴亮平发出了"救救苏州"的呼声,并在《古老美丽的苏州园林名胜亟待抢救》的调研报告中指出:"古城苏州系春秋吴王阖闾时建成,距今二千四百九十余年,留有异常丰富的文物古迹,是名闻遐迩的文化古城。苏杭老城拆光了,天堂也就消失了。"他们的报告受到高度关注,1986年国务院正式批复了"苏州市城市总体规划",提出"全

面保护古城风貌，积极建设现代化新区"的重要批示，为苏州发展带来转机。不过，文化传承与追求现代化都是人们的需求。如何全面保护古城风貌，该怎样为古城区寻找发展方向，成为困扰众多苏州人的一道难题。

1986 年，阮仪三主动做了苏州古城区（即平江路地区）的保护规划，属于科研合作项目。他曾长期浸淫于苏州人文传统中，熟知那里的人文故事，也知晓外部世界，对苏州的历史人文与未来的发展道路既有本位的理解，又有外界的参照。在将苏州旧城的结构进行了一番系统检视后，他有足够的底气高屋建瓴地对古城的特质进行抽象的把握。依据城内河道水系走向，他把苏州旧城区划为 54 个街坊，然后对每个街坊逐一梳理，提出具体的规划方案。这种分法在全世界独一无二。

当然，在规划的时候也曾出现很大的争论。国家建设部与中规院的专家都来质问阮仪三："你们怎么划这么小？不对的。"阮仪三辩解道："为什么要这样？因为苏州是双棋盘的自然河网的格局，划小了就控制住了。这个是玄妙观，这个是双塔……每个街区都有自己重要的特点。如此划分，可以根据城市格局的特点，把苏州古城的特色反映出来，明晰每个街坊的性质，明确需要保护之处，具有针对性，也容易运作。"其实在古城内划 54 坊，也是有历史依据的，白居易诗里就有"七堰八门六十坊"之句，苏州的河街网格在唐朝已经形成了。

1997 年苏州市的古城区的控制性规划，也是阮仪三做的，获得了建设部优秀规划一等奖。后来，他又重新修订并着手平江路整治的具体方案设计。因为不同的时代有不同的要求，古老的苏州要在旧的土壤上滋长出新的东西，故而他曾四次修订规划,时间跨度颇为漫长。

阮仪三着重突出这条千年古街的历史文化内容。比如"洪状元府"以及分居于平江路两侧的苏州望族潘氏的贵潘和富潘,都有很多故事。潘氏的一支"富潘"潘祖荫家有两个国宝级的大鼎,大盂鼎和大克鼎闻名遐迩。日本兵侵占苏州之后,一批批地派人到潘家搜索此二鼎未果。潘家人为保住二鼎,埋鼎屋下,再把老宅烧掉,迷惑日寇。新中国成立后,潘家把二鼎捐给了国家。此二鼎现存于上海博物馆,辟专室展出。还有汪氏义庄和董氏义庄,这次都被一一修复。

平江路的历史街区,自古以居住为主。阮仪三充分考虑了这种用地性质,控制 50% 的邻里关系不变,80% 的房屋不动或少动,工厂全部迁出,改成绿化、会所等功能区,还挖通了两条 1958 年被填没的河道。面对既拥有悠久历史和厚重文化,同时又破旧、狭窄、拥挤、落后的平江路,作为总设计师,阮仪三构想出一个雄伟、宏观的目标,就是推动平江路发展成为融合艺术与自然的地方,最终是要让这个古街以文化之街的姿态重生。他竭力将保护与提升居民生活相结合,对缺乏现代化的生活设施的旧住宅,既要实现生活的现代化,也要认真整修。在旧民居、古建的整修过程中,他采取的原则是"整旧如故,以存其真"。也就是说,不仅要尽量恢复原貌,同时要保证其真实性,而不是造假古董。他总结说:

　　以汪氏义庄牌楼修复为例,其修复方案没有采用废墟式原状保存或恢复式重建,而是原样保存了南边墙门房,墙上的朽木外观原样不动,石柱、坤石原样竖起,为保安全另立钢柱为承重构件,用木料恢复原来墙门牌楼大致形状和结构,北边墙门四周

不再砌砖墙，栅门也不做全。顶上部分覆以玻璃以防雨淋，这样人们可以清楚的看见整个牌楼内外形制，看清原来古代的遗物，又看到今天为了让人们明白这幢古建筑的特色而后加的东西，新旧完全不同，新的是为了反映旧的，旧的是原真的。这种方案是用科学的、艺术的手法来表达现代人对古代遗存的尊重，也是一种新的延续平江路的历史的古今交辉的风景建筑。

对于历史街区的保护，阮仪三认为应该有可持续发展的理念，不能只把历史建筑当作文物来保护，应保护其有用的地方，同时更新不符合现在生活需要的部分。都市的丰裕，源自当地丰富的人文历史，以及凝刻了岁月痕迹的空间。所以自始至终，他对平江路的设计方针，都是不切断从过去到现在、传承至今的时代感，最终打造出传承都市记忆的街区。

2004年，阮仪三为苏州平江路确立了"老苏州，慢生活"的发展理念，展现街区在苏州文化中的传承脉络。采用店铺"只租赁不销售"的原则，掌握产业发展的主动权。为提高平江路的活力，他在规划之初就侧重于文化、休闲、居住功能，对于旅游的概念加入得较少，所以从一开始，这里的商业气氛并不浓郁，他更希望营造出一种个性的、艺术的、古典与时尚交融的文化氛围。后来，潘世恩（贵潘）老宅被修葺一新，成了高档会所礼耕堂；沿街有着跑马楼的老房子被改造成一座青年旅馆；很多现代化画廊、工艺大师工作室、雅致的古琴艺馆、闲适的咖啡厅、书吧都被引入进来。阮仪三希望看到不同的个性呈现，每个人的智慧都能参与进来，让这个街区充满活力，而不是做旅游的布景。

　　同时，他也着力培养一批来自苏州的学生。他深知古城保护一定要看到长远的未来，要有延续性，其中最重要的是要有懂行的技术领导干部。他常把苏州的规划课题列为课程或毕业设计，来探索研究苏州古城的保护与更新。当时他带自己的第一届学生吴新范（苏州规划局副总工程师）、邓小兵（苏州新区规划局局长）做的规划，就是苏州山塘街；后来带的俞娟（苏州规划设计院总工程师）、刘浩（苏州园区建委主任）、相秉军（苏州市规划局总工程师）等，都做过苏州的规划课题。平江路 37 号街坊和平江历史风貌保护区，阮仪三带着学生连做过三遍。这些苏州籍的学生毕业后一届届地回到苏州，成为苏州市规划方面的主要技术骨干。

　　阮仪三一直努力不让故乡只存活在记忆中。他为之呕心沥血的重要历史地段平江路被保下来之后，不仅继续成为城市的重要的生活内容之一，与现代的都市相融合；更为难得的是，还为人们留下重要的城市记忆，留下了过去生活和现代生活的衔接和交融。

2017 年阮仪三带领香港专业人士实地勘察平江路的空斗墙砌法

　　文化振兴的平江路，很好地再现了原来的面貌。在 2004 年 6 月苏州召开世界遗产大会期间，国际专家对平江路的保护方法和实施模式给予了充分的肯定。2005 年苏州平江历史街区保护规划获得了联合国教科文组织颁发的亚太地区文化遗产保护荣誉奖。评价中说："该项目是城市复兴的一个范例，在历史风貌保护、社

会结构维护、实施操作模式等方面的突出表现,证明了历史街区是可以走向永继发展的。"2009 年,平江路当选首批十大"中国历史文化名街"。入选理由是:"2500 多年苏州古城城址未变,格局尚存,是中国古代城垣的活标本之一。平江路更是苏州古城迄今为止保存最为完整的一个区域,堪称古城缩影。对照南宋《平江图》及明末《苏州府城内水道总图》,平江路基本延续了唐宋以来的城坊格局,并至今保持活力。"世界旅游组织秘书长塔勒布·瑞布实地考察后说:"平江路有文化、有风景、有居民,却没有人工雕琢的痕迹。"他认为是中国最好的历史旅游景区。

无论是外来的游客,还是老苏州,都对规划整治后的平江路相当认可:

> 古城保护和旧城改造永远是个矛盾的话题,时刻面临痛苦的取舍。在城市发展的同时,有选择地保护和修复几个具有典型特征的历史街区,使之作为一个文化传承的载体,留住一段历史的记忆和城市的情感,不失为一个折衷的办法。
>
> 就此而言,2002 年动工改造的平江路历史街区无疑具有代表意义。虽然它并非首开先例,在它之前,苏州城内已经完成了观前、石路、十全街等一些主要街区的改造。但平江路历史街区是苏州唯一获亚太地区文化遗产保护荣誉奖的项目,联合国教科文组织评委会甚至称它是城市复兴的一个范例。
>
> 各种原因,颇耐咀嚼。之前改造的那些街区多数位于古城商业中心,改造之后马路得以拓宽,沿街房屋大多全部拆迁,建造成统一样式的商铺门

楼。如此焕然一新，反令许多老苏州有些无所适从。

在历史街区的改造中，我们究竟要保护什么？整治什么？最终又能为后世留下些什么？这或许才是题中之义。如果改造后的平江路令你感觉闲适而安静，我想，差不多就对了，这就接近这座城市的气质了。即便是雨天，你也可以撑把伞在这街上笃悠悠地走着，看看小桥流水人家，看看古井古树古牌坊，走累了，你可以走进一个画廊或者某座老宅的厅堂，坐下来，喝杯茶，与主人聊聊。浮生半日很快就过去了。在这里一切都是文气的，与喧闹绝缘。

在过去的苏州城里，其实有很多像平江路一样河街相邻的街巷。但历经沧桑之后，还能完整保存着宋代《平江图》、明代《苏州府城内水道图》等古地图上所绘的水道体系、河桥状况以及前街后河、街河并行的双棋盘格局却着实难得了。更难得的是，在这条一公里长的街区内，集中了多处历史文化遗存，这里有世界文化遗产（耦园）一处，省市级文保单位十处，控制保护古建筑四十余处，另有名人故居二十处，古牌坊两座，古井十多口……

沿着平江路走，两侧巷弄次第交错，钮家巷、肖家巷、大儒巷、卫道观前……其间多的是深宅大院，现在这些老宅门口大多钉上了牌子，成了编号的控保建筑或文保单位。

在与平江路交错的巷弄里，评弹博物馆、昆曲博物馆、民俗博物馆、园林博物馆，还有贝聿铭设计

的收官之作苏州博物馆等,如珍珠般洒落其间,平江路就如同一条文化的纽带,将这些博物馆群串了起来。有人笑谈,走在平江路上的人,看上去都是笃悠悠的。为什么?不是来听评弹的,就是来看展览的。

如果一个历史街区的改造,能让原住民的居住质量得到实质性的改善,环境面貌得以保护和修复,商服业的发展在文化润泽之下实现良性循环,各得其所,安居乐业,同时又能为后世留下一份温情的城市历史记忆,我想,这大概就是所谓永续发展吧。①

□3. 杭州救孩儿巷陆游古宅

孩儿巷原名"砖街巷",相传宋代时此处专卖泥做的小孩儿,故又名孩儿巷。据史料记载,南宋著名诗人陆游曾五次到杭小住。《渭南文集》中记"时寓砖街巷小宅之南楼。山阴陆某务观于识",即是明证。"小楼一夜听春雨,深巷明朝卖杏花。"史载陆游在《临安春雨初霁》这两句诗中所写风物,传说正是现存的孩儿巷98号古宅。1984年3月,杭州市下城区有关部门在孩儿巷口立过一块石碑,碑文曰:"孩儿巷,宋时名砖街巷,著名爱国诗人陆游曾居此……"

凭着陆游的这两句千古名句,800多年来,孩儿巷名声卓

---

① 石绿:《古韵今风——苏州历史街区景区 平江路上》,《苏州杂志》2014年第3期。

著。所以，1997年当孩儿巷被列入旧城改造范围，将被拆掉以解决韶山中学扩建操场问题时，住在老宅中的古稀老人钱武肃王三十四世孙钱希尧，向有关部门提出请求："孩儿巷98号是陆游故居，要保护，不能拆！"

钱希尧老人介绍，年幼时，祖父钱启翰就告诉他，古宅是自己于民国初年从崇明知县的任上退下，托诗友郁达夫代为买下的。郁达夫当时告诉钱家，此宅系南宋爱国诗人陆游的宅基地，钱家对此深信不疑。他还介绍说，孩儿巷98号数百年中，虽经多次修整，仍保留着原先的风格和大致的布局。它设计精良、用料考究，其半透明的河蚌壳门窗，集宋、明、清三代风格的十二扇八卦隔扇，雕有绍兴水乡的小桥流水、乌篷船、渔翁叉鱼、鸬鹚捕鱼、文人雅士下棋等风景画雕的长隔门，无不显示这是一座典型的文人雅士居住之所。这样深具历史内涵的古宅，即使在古都杭州也绝无仅有。钱希尧说，对这故居，钱家"守土"有责，不能眼看着八百年的古董夷为平地，变成学校的操场甚至商品房。市政府一天不把"陆游小楼"保护起来，钱家就一天不搬！

此事经当地媒体连续报道后，2000多名杭州市民慕名前来寻访陆游可能住过的小楼。大家看过后，都认为诗中所咏之小楼，正是现存孩儿巷98号古宅，觉得有关部门应该手下留情。绝大多数人还在写给当时杭州市长仇保兴的呼吁信上签了名，这就是孩儿巷98号引发的"2000人上书市长事件"。

1999年6月21日，杭州市文物保护管理所也认为孩儿巷98号是有历史价值的古建筑，做出了"立即停止拆除孩儿巷98号的紧急通知"，使此古宅得以暂存。2001年，校方重领了房屋拆迁许可证，该宅又陷于被拆险境。2002年3月，

校方对钱希尧提起民事诉讼。同年 7 月初，一审法院判决钱希尧败诉，并要求他在 10 日内将房屋腾空交校方拆除。

古宅岌岌可危之际，一批专家纷纷伸出援手。曾在杭州文物考古所工作过的陈晖女士，对古宅做了详尽的考察，鉴定古宅西面的一堵高达 4 米的泥墙，是有着 800 年历史的宋墙。此外，古宅还有许多宋代、明代的遗迹（详见《杭州日报》2002 年 6 月 25 日报道）。另外，浙江大学城市规划系周复多教授参观古宅后，认为"古宅历史悠久，有宋墙、宋井等宋、元、明、清的建筑文化内涵与表现形式，其平面布置、建筑结构、建筑材料等颇具特色，可谓古建筑博物馆"。

古宅的飘摇命运，也惊动了远在上海的阮仪三。距离搬迁时限只有五天之际，阮仪三接到周复多教授的电话。得悉此事，他立即动身亲往杭州，一下火车便直奔孩儿巷，对古宅进行了仔细的勘察。他首先肯定了古宅的西墙是一堵宋墙，在现场介绍说："全国宋代建筑能保存到现在的有，如城墙之类，但宋代的民居极少能有遗迹保存下来，城市中的宋代民居尤其少见。那一页历史，全国众多学者只能凭借着书籍臆想，而这堵宋墙的存在分明是一本'活教材'，它所释放的信息，是最可靠最直观的。"

接着，他又对二楼的"蠡壳窗"（即蚌壳窗）感叹不已："'蠡壳窗'目前几乎绝迹江南地区，现在只有在周庄、苏州东山和西山的古建上还有几幅。我以后在课堂上可以告诉学生，明清建筑中的'蠡壳窗'还可以在杭州看到。"

在小楼转悠了五六个小时，阮仪三不停地测量、记录，或是与其他专家商讨。一旁的钱希尧老人，对保住古宅的信心越来越大。

"有个文物贩子给我开出了 20 万的拆迁费。"他告诉阮仪三。

"20万？2000万也不止！"阮仪三挥舞着双手，大声说道："这样的建筑杭州有一百座吗？没有！有五十座吗？也没有！有二十座吗？我看也勉强。孩儿巷98号恐怕是杭州仅存的一处宋代民居建筑遗迹了，是杭州一个重要的历史'地标物'！不要小看这破砖烂瓦，这就是文化，这就是财富。我们应该赶快把它保护下来，不保下来，以后就没有了，永远是个后悔！"

当晚，阮仪三紧急上书杭州市委书记王国平。他在信中写道："这座老宅总体风格是清代中晚期古建筑，现在的建筑不断地在原址上改建修缮，所以留下了丰富的历史文化信息。除了宋代的建筑遗迹，还有明代的柱础、'蠡壳窗'等。清代的雕花门窗上，还有英文字出现，很是稀奇。它的价值，数千倍于一幢新的豪华商品房。"

字里行间流露着他对古建筑的热爱："孩儿巷98号是不是陆游故居，现在已无从考证。然而，目前孩儿巷的所有旧屋都已被拆除，仅剩下98号。在这种情况下，这幢楼的意义已经超越了学术之争。不管是不是陆游故居，都应该保留。我建议政府紧急采取断然措施，抢救这幢珍贵的历史遗存，不要为了一所学校的一块用地造成永久的遗憾！这是杭州很重要的一笔财富。保留它，是对文化价值的一种肯定；保护它，是对历史遗存的一种尊重。"

信写好以后，阮仪三托人找到了杭州著名的老专家毛昭晰。毛老是全国政协委员、前浙江省文化厅厅长，又是浙江大学教授，是王国平的老师，他能把信直接交到王书记手上。

阮仪三的紧急呼吁使情势逆转，杭州市委书记工国平做出批示：孩儿巷98号不能拆。2002年9月16日，杭州市中

级人民法院做出终审判决,以法律的力量将孩儿巷 98 号保存了下来。就这样,孩儿巷 98 号被保了下来,并被定为"杭州市优秀历史建筑"。古宅的主人钱希尧老人喜极而泣,后来,他把古宅捐给国家,成为陆游纪念馆。钱老先生更感谢危急时刻毅然出手的阮仪三教授。他题匾赠与阮仪三:挽狂澜于既倒,救文物于危难。

听说当地还有 150 栋这样的房子,却没有专业人员评估。阮仪三马上返回上海,带上自己的 50 个硕士生、博士生,包了两辆大客车,连续两个周末到杭州调研,与当地有关部门一起,对市内文物古迹进行大梳理。为此,杭州《钱江晚报》的记者还写了长篇报道《跟着阮仪三研究杭州古建筑》。

98 号事件引起杭州市政府的重视,有关部门被责成尽快修订《历史文化名城保护规划》,暂停所有已批旧城改造项目,阮仪三被聘为此次规划修订的顾问。一年后,《杭州历史文化名城保护规划》出台,新增了拟保护的 13 处历史文化地段和 114 处历史建筑内容。

在孩儿巷 98 号发现蠡壳窗后,阮仪三认为这种材料可以用于历史建筑上,能够比较真实地恢复建筑原来的样貌。现在到处都在造仿古建筑,不过是为了旅游的目的,用的都是现代的材料、工艺,去仿造古代样式,造出来的全是假古董。对历史建筑的修复,他主张"五原"的原则,即原材料、原工艺、原式样、原结构、原环境。为了让古建活起来,阮仪三打起蠡壳窗的主意。为此,他曾专门解释说:

江南地区在明代以后,普遍运用蠡壳窗取代了宋元时的纸糊窗。其制作工艺是中华民族建筑史上不可或缺的一个重要内容。"鱼鳞云断天凝黛,露壳窗稀月逗梭",清诗人所写的正是蠡壳窗。它是纯天然材料,冬暖夏凉,七彩透明,不仅坚固耐用,还有过滤紫外线的功能,使家具免遭太阳强光侵蚀。清中叶以后,玻璃出现,蠡壳消失了,很久以来都找不到这种东西了。

回忆起在西塘的纽扣博物馆看到的贝壳扣,阮仪三就想,既然能做贝壳,就能做蠡壳。于是找到生产贝壳扣的许金海厂长,鼓励他着手复原蠡壳窗的试验。许金海一开始用江南的蚌壳,比较薄,没法做窗。阮仪三建议他去南方找海蠡子,果然在海南找到了。从原材料采集、加工到最后制作,过程充满波折。在阮仪三的指导下,蠡壳窗的生产被恢复了,明代的原本样式也得以重现。2011 年,在安徽歙县的全国历史文化名城规划学术委员会上,阮仪三请许金海展示了他复原的蠡壳窗,在当时引起轰动。之后,蠡壳窗制作技艺被列入嘉兴市非物质文化遗产名录,填补了中国古建筑上的一项空白。

□ 4．阮教授的战斗

在保护古城古建的特殊战斗中,阮仪三也领悟到一些斗争哲学。譬如,每一次的调查报告,他总是一式四份,一份交于当地,一份交所在省委省政府,一份上报建设部,一份留底。一旦寡不敌众、孤掌难鸣,他便想方设法通过各种途径"告御状"。比如上文提到的力保杭州孩儿巷 98 号的过程中,阮仪三就是通过毛昭晰先生将呼吁信转交杭州市委书

记，终于得到"不能拆"的批示。①

"要让一把手知道。"此乃阮仪三的"独家秘笈"，也是他的无奈之举。

2000 年 4 月，中央电视台《实话实说》节目组请阮仪三做现场直播节目，标题就叫"阮教授的战斗"。主持人崔永元问他："你说你在保护古城上屡战屡败，你在平遥古城和周庄古镇上都打了胜仗，而败仗是哪些呢？"

阮仪三就跟他讲："我保护古城，保了平遥，保了丽江，保了周庄，但是大部分都没保住。我是屡战屡败，屡败屡战。成的少，不成的多。"

崔永元好奇地问："你有例子吗？"

"有啊。"阮仪三苦笑道，随即就讲起了福州。说起来，他有很深的福州情结。上大学时，班上就有七八个福州同学。20 世纪 60 年代，也曾与董鉴泓老师一起勘察过这座有着 2200 多年历史的古城。"一街水巷，巷坊交错，白墙灰瓦，流畅的曲线山墙，还有树下闲聊的老人，灯下的说书人……"在阮仪三眼中，福州是一个历史悠久、文化发达，具有丰富内涵的文化名城。他曾对学生讲解：

> 坊巷格局始于汉代，到宋代很多地方都拆了，只剩下名称。而福州的三坊七巷，却保存了大量明清古建筑和众多深宅大院、名人故居。坊口有高大的券门，坊门立有石碑，上刻有坊规，在巷头、巷尾立有壁龛、古树、古井，保持着完整的历史风貌，形成了古朴传统的街坊风貌。要看坊巷格局，全中国

① 《新民周刊》，2004 年 2 月 9 日。

只有福州独一处。

后来,他将福州作为历史文化名城中的一个典型的个案,写入高等院校城市规划专业教材——《历史文化名城保护理论与规划》一书。1990 年,受福州市委托,阮仪三带了12 个研究生、30 个本科生,前后花了两年时间对福州市进行调查,制定福州历史文化名城的保护规划。这份规划倘能实现,将大面积地保护福州的文化遗产。规划完成后,阮仪三专门开了三场座谈会,广泛征求意见。现场反应十分热烈。可惜,这个规划通过了省建委组织的专家评审,却始终未获正式批准。原因就是阮仪三划定的保护范围,不符合当时片面的城市开发要求。不过,此规划的主要内容被列入福州市的城市总体规划内,而且得到国务院审批。

1993 年福州市要大发展,"三坊七巷"这块地以 7 亿人民币被卖给了爱国华侨。爱国华侨不爱古建筑,这位港商聘请香港的设计师做改建规划,只留下里面的 27 处国保单位,其他古建都要被拆以建高楼。

阮仪三认为这个方案把整个三坊七巷的格局和文脉全破坏了,只留下了一幢幢的文保单位,非常牵强。文物失去了环境,特别是民居类的古建筑就完全失去了意义。这个方案是满足开发商出房率的要求,是不懂历史街区保护的规划方案。当时,这个方案也给王景慧、罗哲文、郑孝燮等专家看了,他们都认为非常不妥。

著名建筑师陈籍刚先生是港商的首席顾问,阮仪三与他交换了意见,并把与董鉴泓先生合著的《名城鉴赏与保护》一书给他看,书里有一章即福州名城的保护规划实例。第二天,陈籍刚就登门拜访阮仪三,表示这个方案确实有问题,制

定者既不了解福州的历史，也不了解对历史名城的保护。他为难地问："我怎么办？"

阮仪三告诉他："你很难做下去的。港商要求通过开发获得商业利润，只靠修改方案达不到保护文物的目的。因为这块地是福州的历史精华，谁来开发，谁就要负破坏历史遗存的责任！"

陈先生完全理解了阮仪三的意见，他是个聪明人，很快退出了设计，不再参与此事。后来他与阮仪三却成了知交，还努力为中国的城市历史保护提供帮助。

陈籍刚不干了，港商又找来其他设计师，还是按原方案实施。当时许多专家学者联合发出呼吁，《救救三坊七巷》的文章在《光明日报》等报上以头版头条刊载，仍未能阻止对三坊七巷的破坏性建设。一坊、二巷被拆了，建起了一圈高层建筑。三坊七巷成了不伦不类的二坊五巷，失去了昔日的风采。

2000年3月，福州市又打算对古城区中的三坊七巷和朱紫坊两块历史街区进行拆迁改造。原来投资的港商没赚到钱不干了，轮到内地的房地产商上阵，也打算把老房子全拆光，盖成高楼。

当时阮仪三正在福州，他跑去找主管的副市长说："你们不能这么做！福州古城原来的三山两塔相互辉映，现在已经被高层建筑阻断，许多文物古迹遭到破坏，仅存的两处历史街区在全国来说也是极为珍贵的。如果这么建，福州就完了！"

对方答复他："这件事你不用管，上级领导部门已经决定了，没法改变了。"

阮仪三再次强调此事不妥，会给福州造成不可挽回的损失,如果仅仅是为了房地产开发,太得不偿失。

此后不久,面对崔永元的采访,阮仪三举了三坊七巷的例子,说至今还保不住,说不定马上就被拆除,市长也没办法,可以想象金钱的力量多么厉害。节目录制完他问崔永元:"我说的这个好不好? 你们能播吗?"

结果4月底就播出了。节目播出后,北京来了一个长途电话,让阮仪三过去一趟。2000年6月3日俞正声在北京对他说:"明天开会要讲三坊七巷,福建省委、福州市领导也会来,你有什么话就照讲。"

阮仪三心想,那就对不起了,正好机会难得,就狠狠地把他们剋了一顿。他的态度十分坚决:"三坊七巷是福州,也是全国的宝贵遗产,这样完整的历史街巷实属珍稀,应该重新研究三坊七巷的保护与更新的具体措施!"

地方官员委屈地辩解:"三坊七巷居民的居住条件太差,这次改建也是为了改善居民的生活。其次,这块地已与开发商签订了协议,预付的款项已经被支用,如果不开发,无法还债,所以势在必行。"

阮仪三不客气地说:"三坊七巷的这些明清民居,50年来从未得到修缮,当然破败了。改善居民环境是政府的责任,何处不能盖高楼? 为什么一定要拆了历史街区? 根本原因是利益驱动。现在盖楼要花7个亿,却没钱修国宝——修缮老房子连5万元都拿不出来,真是怪事。我们这一代要被后代子孙骂的!"他再一次提高了声调。

时任建设部副部长的赵宝江也很有意思,他拿了几份档案出来,说:"这是《规划法》你们看看,还有《国家文物法》。其实这些材料你们都有,不过都忘记了。我再拿一份文件,你们再去好好念念。还有,你们城市的总体规划里面明确规

定要严格保护三坊七巷,你们怎么忘记了? 要么你们是忘记了,要么你们是无法无天! 福州市现在的做法是违法、违规行为,是有法不依。阮教授的意见希望你们去认真思考,不能单纯从经济利益出发,要重新研究三坊七巷的保护与更新的具体方案。"

如此,福州的三坊七巷借助了媒体的力量,总算逃过一劫。之后,福州市出台了新的《"三坊七巷"历史文化街区保护规划》。不过,当有人问起阮仪三如何重新看待这一战役的胜负时,他沉吟道:

在这一役,我是不胜不败。

不胜,是因为有部分地区已被拆掉,拆掉的部分永远无法复原;不败,则是大部分格局仍被保了下来。新的保护规划出台后,既有总体规划,又进行了分类保护,符合福州历史文化名城规划,我个人比较满意。

□ 5.基金会和大运河结缘

阮仪三经常思考这么一个问题:保护古城需要资金,没钱做不成事情。以前国内都是政府拿钱,但世界其他各国,主要靠引入民间资本。比如英国,民间资金占 52%;美国则有一个专门的遗产保护基金会,每年都会拿几十亿美金出来。现在国内有些人富裕了,我是不是可以募捐一点?

2006 年 6 月 9 日,恰逢中国第一个历史遗产日,"上海阮仪三城市遗产保护基金会"正式成立。这是全国首家以城市遗产保护为宗旨的非公募基金会,基金会的目的是留住城市记忆。之所以用自己的名字命名,阮仪三就是想亲自带个头,去发动大家,从个人的力量开始出力出钱,为古城保护开拓新途径。只有民间力量超过政府力量,他为之奋斗的事业才有希望。很快他得到了一些开发商如复地集团、绿地集团,还有江南水乡的一些城镇的支持。接下来,世界规划师协会的主席也会帮他宣传基金会。

基金会的启动项目是京杭大运河的保护和申遗工作,这一项目被阮仪三称为"运河记忆"。他把保护大运河看成一件非常重要的事,总是自豪地说:"国外最长的大运河有 27公里长,中国的却有 1747 公里;他们的大运河是工业革命以后开凿的,我们却是隋朝修的!"

作为世界上开凿最早、最长的人工河道,京杭大运河不仅是一条贯穿南北的水上通道,也是中国文化地位的象征之一,留下了丰富的历史遗存,孕育了一座座璀璨明珠般的名城古镇,积淀了深厚的文化底蕴。然而,大运河的保护状况不容乐观。

2006 年全国政协启动京杭大运河申报世界遗产计划,阮仪三作为专家组成员参与了几次国家组织的大运河调研。然而,他满怀期待而去,却失落而归。原来,参与调研的委员们到扬州后,扬州市长出来接待、吃饭,然后找一部车子,大家到大运河去看一看,就结束了。第二天到杭州,再重复同样的程序,回去找两个文人写一份调研报告。

阮仪三觉得,"申遗"给大运河保护带来了难得的契机,保护大运河是时代赋予我们义不容辞的使命。只有掌握第一手的实际资料,了解到底有多少好东西,才能有针对性地去保护。回到上海后,他启动了个人基金,组织自己的博士

生、硕士生以及 60 余个"留住城市记忆志愿者",对大运河沿线的城镇进行了一次实地踏察。

阮仪三带领他的团队,花了三年时间把京杭大运河从头到尾走了一遍,7 个省、44 个城市、142 个乡镇和村庄,无不留下他的足迹。考察的过程相当艰苦,主要交通工具是拖拉机和驴车,很多地方还得步行。有一次去考察山东运河古村,他竟被狗咬伤。清洗伤口的时候,医生用蘸着"肥皂水"的刷子刷了 20 分钟,让他吃了不少苦头。如此掌握了整个运河沿线各个点的第一手历史材料,为下一步的工作提供了重要的依据。

运河踏访让大家深切地认识到,很多人喜欢把"世界文化遗产"和风景名胜挂起钩来,这在阮仪三眼中是最大的错误。他认为文化遗产核心的评价标准,是有多少古老的东西被保

2006 年阮仪三教授指导研究生对大运河调研

存下来,是文化有否延续,也就是还有多少"原汁原味"的东西。所以,在台儿庄当他听说当地有个纤夫村时,特别激动。因着运河,这个村里世世代代的男丁都以纤夫为职业。在阮仪三看来,保护运河沿岸的民风习俗,也许比保护一幢建筑、一件文物更有价值。

2007 年 6 月,阮仪三在上海成立了"京杭大运河文化遗产保护观察站",希望在沿线政府的合作下,与这些城市共同

设立"大运河城市遗产观察站"分站，加大对大运河文化遗产的研究、挖掘与跟踪。这种设立观察站的办法，在我国还是首创。阮仪三认为，世界遗产作为祖先留下来的财富，应该人人有份。在英国，遗产保护投入到基金中，民众的份额占到52%。我国公众并非没有参与的热情，只是缺乏适当的引导。他发现京杭大运河的各沿线城市，几乎都有保护运河的积极分子。因此希望通过观察站，可以将积极分子的能动性充分调动起来，并产生"传染效应"，以激发政府、民间多方参与的联动机制。

因为调研、保护大运河沿岸古城、古镇、古村落的成绩突出，中国阮仪三城市遗产保护基金会凭借"大运河保护与研究"项目，获得2008年国际规划协会（ISOCARP）的最高荣誉——"杰出贡献奖"。授奖的评语是：在基金会的资助下，大运河的全线考察得以顺利完成，进而在对其巨大尺度遗产体系的研究领域进行探索，努力使这条文化线路成为遗产保护教育的工具和居民、政府及学者共同的平台。这是六个奖项中唯一奖给中国的项目，阮仪三还专程到西班牙马德里领取了获奖证书。

淡泊名利、一身傲骨的阮仪三，在保护名城古镇上像一名不知疲倦、愈挫愈勇的战士，他知道让地方政府拿太多的钱出来投入到文物保护上不现实，所以提出了现阶段保护开发古城镇的十六字方针：保护古城、开发新区、发展旅游、振兴经济。他也曾无奈地说："平心而论，能够想到古建筑和保护开发利用已经很不错了。让人悲哀的是，有些地方政府连这点都做不到，看到古迹的毁灭却无动于衷，甚至在助长毁灭。"

此话并非无的放矢。有一次，他得知某省会城市要拆除非

常精美的古民居用于房地产开发，就准备好资料赶去当地，想和负责此事的市领导谈谈。对方却再三推诿，不肯见面。阮仪三干脆守在那位领导开会的会场外，一等就是两个小时。会议结束后，他截住该领导，请求给他五分钟时间阐述一下自己的意见，那位领导面露愠色，极不耐烦地夺路而走。阮仪三气得七窍生烟："自己是堂堂的同济大学的教授，难道五分钟的时间都不能给吗？"那一刻，他真的是心里流泪了。

有人称他为"古建保护泰斗""保护神"，他认为实在不妥，"古城斗士"这个头衔也不妥当——与谁斗？斗胜了吗？成少败多，不成神则成鬼。他认为自己之所以能为古城保护做出一点成绩，还是归功于"相信群众，相信党"，他就是个老党员。他认为自己的优点是从不计较得失，并持之以恒，锲而不舍，注意方式方法，懂得"官场法则"，仅此而已。时至今日他仍坚持工作，精力虽不如前，却还老当益壮——当然这个"壮"已是"老骥伏枥，壮心不已"的"壮"了。

为了保住祖国的历史遗迹，阮仪三处理过各种纷争，显示了坚定无私和刚正不阿的品质。其过程相当艰辛，他却不知疲倦，总是神采奕奕。学生给他画了一幅名为"阮大夫"的漫画：图画中，一位白发老人手提医药箱行色匆匆，目光中透出聪慧和务实的神情。一条斑驳脱落的老城墙蜿蜒向前，城墙上面的烽火台分别标记着"病号1""病号2"等编号。他很喜欢这幅画，自豪地对记者说："我这个大夫明天又要去给一个古镇把脉治病了。"

漫画《阮大夫》

第七章　留一点城市记忆给后人

□ 1. 守卫外滩美丽的轮廓线

　　黄浦滩在英文中叫"The Bund"，意为"河边堤岸上的小道"，是一条全长约 1.5 公里的弧状纤道，因位于上海城厢外，又被称为外滩。它浓缩了上海 160 多年开埠的历史，被视为上海的城市地标和历史象征。这里矗立着 52 幢建于 20 世纪二三十年代的大楼，高低错落、和谐别致，构成了沪上最初的轮廓线。

　　1980 年 10 月，法国总统德斯坦访华，时任上海市市长的汪道涵邀请他在上海大厦用餐。德斯坦从楼顶向外滩眺望，感慨道："外滩保护得很好，很精彩，我看全世界少有这么美好的景色。"他又郑重地向汪市长提出："应当认真保护这些珍贵的建筑群。"

　　后来，江市长找到阮仪三，要他做进一步的规划。1991 年，阮仪三领衔制定了《外滩保护规划》，在观念上非常清楚：在保护的前提下合理发展。

　　对于外滩，阮仪三认为，这里是上海老建筑最集中、特色最鲜明的地区，囊括了全世界的众多的建筑形式，反映了当

时世界审美、设计和施工的一流水准，是个"万国建筑博览会"。比如，英国总会是复古主义的风格，按西方建筑的历史原貌而建。这里有远东最长的吧台，足足 27 米长，此纪录至今未被打破。汇丰银行则是集仿主义（即集中地仿造）建筑，英国人称它是"从苏伊士运河到白令海峡最讲究的一幢建筑"。大堂的立柱有 8 根是实心的印度产大理石石柱，乃举世罕有。和平饭店总体上为仿文艺复兴式建筑，装饰多为巴洛克样式，门窗的设计既有圆弧拱又有平拱，屋顶原有花园，东西两端各有一座很大的巴洛克风格凉亭。辛亥革命成功后，上海各界人士在和平饭店欢迎孙中山先生回国就任临时大总统。蒋介石也曾于此地向宋美龄求婚。上海海关大楼则属于建筑装饰派，有一座非常漂亮的大钟。中西合璧的中国银行，是唯一一座中国建筑师陆谦受先生设计的建筑……

对外滩的保护并非一帆风顺，阮仪三付出了很多精力，也顶住了很大压力。他把这个项目连续两年作为毕业生的研究课题，还组织了一支强大的队伍。他们的足迹北到苏州河、南到金陵路、西到河南路，几乎把所有休息日都用于外滩建筑的调查上。

刚看到外滩的老建筑，阮仪三吓了一跳——所有的房子都遭到了严重损害。有着精美的装饰的交易或营业大厅，被改得乱七八糟；天顶被涂掉，隔成了若干层，造成很大的浪费；里面甚至住了许多住户，走廊里挂着衣物和孩子的尿布，气味难闻极了。

阮仪三制定的外滩保护规划，首先根据建筑的不同价值和特点，确定保护类别的划分，提出不同的保护措施，最主要的是要求外滩建筑恢复原来的使用功能。整修的原则就是它最初的图纸，原来是什么样就还是什么样。比起其他城市,上海的优势在于留存了全套的历史建筑图纸。

幸运的是,当时正值改革开放的好年头,阮仪三的方案提出后,上海市政府马上就接受了。外滩的办公单位很快被迁出,还成立了外滩房产置换公司,对外招商。许多金融、商业机构取得了大楼的使用权后,花大钱进行修复。比如汇丰银行特地去英国找到原始的设计图,又去印度寻找损坏的大理石材料,花了 1.7 个亿把大楼修好,使之成为重要的历史遗产。其他取得所有权的建筑群,也斥巨资整修,使珍贵的历史遗产重焕光彩。

在对外滩建筑群的保护与修缮中,阮仪三坚持对原存的老砖、外墙的原有的涂层进行研究分析,用科学方法清理及复制,达到"整旧如故,以存其真"的效果,将其历史信息完整地留给后人。他把外滩的 25 幢大厦定为文物保护单位,不允许随意变动建筑。为了更好地利用这些建筑,上海的专家给每幢房子认真做了鉴定,并设计了修整方案,使之成为全国保护得最好的历史文化建筑之一。

阮仪三对外滩所做的规划取得了巨大成功,后来同上海市名城特色要素分析等科研项目一起获得了上海市科技进步奖。

对于外滩第一线的 25 幢优秀建筑,阮仪三知道谁也不敢动,他担心有新房子插进来。果不其然,1992 年上海提出改革开放,很快外滩就出现了外商投资的 3 幢新高楼。阮仪三当即进行了干预,认为这一做法破坏了上海传统历史风貌的美丽轮廓线,是障碍性建筑。有人强辩:"外滩这么好的地方,寸土寸金,不允许现代建筑进去,这不是给社会主义建设造成很大的浪费吗?"阮仪三清楚地回答:"是你们要兴起一股浪,要破坏整个外滩的历史文化!"他提出控制外滩建筑高

度,砍掉已建大厦的过高部分。当时这件事引来很大的非议,有各种声音见诸报端。阮仪三后来回忆说:

当时有三幢楼,一幢联谊大厦,一幢金陵大厦,一幢文汇报大楼,破坏了老外滩传统的轮廓线,我认为它们都应该被腰斩、杀头。报纸上登了我的这番话之后,引得人家跳了起来。设计这三幢房子的两位老先生都打电话给我,"阮仪三,你胆子这么大? 你说杀我的头? 我杀你的头。"

我就只好什么都不响。不过这么说以后,外滩再也没有突兀的建筑进来了。其实在外滩原建筑群的中间有空档,允许有新房子进来,但是有三条规定:第一,外滩天际线不准再提高,要考虑到左邻右舍;第二,建筑的形式得顾及毗邻建筑与当时的特点;第三,必须是名师大作。

通过引入浦发银行、友邦保险等金融机构,上海老外滩恢复了昔日的青春,又成为上海的 CBD 地区。同时由于我们制定了建筑空间轮廓线的控制规划,有效地阻止了当时一些开发商的恶性开发。外滩变成了上海最好的风景线,并且跟现在发展起来的浦东陆家嘴地区新旧交相辉映,一个是现代的,一个是过去的,造就了非常有特色的上海城市风貌。

□ 2. 划船俱乐部的拆、保之争

阮仪三的名气很大,又爱管"闲事",经常收到来自全国各地的求助。这些求助大多是请他出面保住老房子、古迹遗迹等。他总是有求必应,因此救下许多历史文化遗迹。

2009 年 6 月 20 日,同济大学建筑系主任常青教授,急切地找到阮仪三:"外滩的划船俱乐部即将被拆除,你名气大,要尽力设法阻止,要紧急'刀下留房'。"

上海开埠后,热爱划船运动的外侨,在苏州河畔成立了上海划船总会,并于 1903 年在南苏州路 76 号建造了一幢欧式会所建筑,这就是外滩划船俱乐部。会所是一栋英国维多利亚式的建筑,非常漂亮,有着红砖墙和石头雕刻的窗户。

第二天一大早,阮仪三匆忙赶赴现场,发现这座老建筑已是面目全非:屋顶楼层已被拆除,外墙搭上了脚手架,西翼满是斑驳的墙壁和破烂不堪的窗户。工人告诉他,这里再过一天就将被全部铲平。

阮仪三当时心想:不行,一定要把它保护下来。他马上跟工地的负责人打招呼,希望他们不要急于动手。对方表示只听领导通知。无奈之下,阮仪三紧急联系了几家媒体,一起到工地上,用镜头"威胁"施工队:"今天要拍新闻了,你要做坏人还是做好人? 做坏人就继续拆,做好人就停下来。"

对方无奈道:"上面叫我拆,我就拆;上面叫我停,我就停。"

阮仪三继续"威胁"他们:"我马上就去找市委书记。三天以后,如果我没办法了,你再拆。现在你可以说机器坏了、工人病了,办法多的是,先停一停。只要给我们几天时间,你就是做了好事。你们到底要做好人,还是做坏人?"

这个法子还挺管用,工地暂时停了工。不过"威胁"只能一时奏效,为了彻底保下划船俱乐部,阮仪三立即向当时的上海市委书记俞正声发出了紧急呼吁的特快急件,一边又把

这个消息告知几家报纸和上海电视台。

第二天，上海电视台和文汇报都以"刀下留情"的大标题播出此新闻，同时刊出阮仪三的一篇《紧急呼吁！不要拆除"划船俱乐部"》的文章。在文章中，阮仪三疾呼：划船俱乐部不仅是上海水上运动的摇篮，也是外滩现存的最古老的百年建筑，与毗邻的新天安堂、原英国领事馆及外白渡桥，构成了一组上海百年历史地标性建筑群，是上海近代都市形象的策源地。如果被抹掉，就再也回不来了。请务必"刀下留情"，免得造成事后的遗憾。

6月22日，阮仪三再去工地，发现他们没有按原计划动手，心知自己给市领导的那封信起了作用。原来俞正声连夜阅读了阮仪三的信后做出重要批示："要认真听取阮教授的意见，采取必要措施。"第二天，上海市规划局副局长专门去同济大学见阮仪三，向他解释要拆除划船俱乐部的缘由。

阮仪三批评了规划局领导在这件事上的推诿、拖拉造成的历史建筑的损失："拆掉划船俱乐部，开发商可利用的也就是那块巴掌大的地方。殊不知，它所承载的历史文物价值、科学技术价值、建筑艺术价值和认同价值比这要大得多。外白渡桥的重修，赢得了中外普遍的赞誉；新天安堂不幸于两年前遭遇火灾，今年年初被拆除重建；要是划船俱乐部也被拆掉，这个整体将不再完整。"

那位规划局副局长委屈地说："可是主楼的屋顶楼层已经被拆掉了，怎么办？"

阮仪三毫不留情地说："你就是糊涂蛋！拆了就把它修好嘛。"

如此，在阮仪三的努力下，本来就要被拆掉的这座外滩百年老建筑，从推土机下被抢救下来。在有关方面的初步方案中,划船俱乐部的中间部分将被原样修复;20 世纪 90 年代初被拆除的东翼虽不再复原,但西翼的游泳馆的外墙和门、窗都将恢复原来的形态和装饰,其中的游泳池也将保留部分内壁供后人怀旧。

在阮仪三的博客上,有一张摄于 2010 年 5 月的照片。他在配文中欣慰地写道:

> 已经修复的划船俱乐部,耸立在苏州河岸上。不大的二层楼房却是醒目又美丽,它那红、黑相间的砖墙,斜斜的瓦屋顶上隆起了一个小小的尖塔,重现了英国 19 世纪末期的维多利亚风格特色。有对新人还在这里拍婚纱照。

□ 3. 提篮桥——犹太人的诺亚方舟

1991 年,阮仪三承接了三个任务:外滩保护规划、南京路保护规划和老城隍庙保护规划。其中,外滩和南京路的规划都是按照他所定的方案执行的。

当年,有人提出南京路要“新”、要“大”、要拓宽马路,甚至有人提议在南京路上加盖。阮仪三等专家为此进行了不屈不挠的劝阻,针对那些说法进行了重要的论证,专门召开了国际会议。在他们的坚持下,南京路既未被拓宽,也没有加盖子、建高楼。

保护过程中也有憾事。当年,阮仪三坚持城隍庙保持“小街、小巷、小商品、小尺度”的特点。不过在讨论时,只有两个人支持他,后来就没有按照他的方案去做。开会之时,

阮仪三惨得不得了;可后来呢? 城隍庙惨得不得了。如今从福佑路走进城隍庙,迎面就是八个八层翘角大高楼,以前的城隍庙根本没有这么高层、多翘角的大楼。为了赚大钱,原来的小商品、小街、小巷全被推掉了,城隍庙失去了原来的历史韵味,令阮仪三至今耿耿于怀。

他还受上海市规划局委托,去做上海历史文化名城的保护规划。当时在学术界,对上海的城市特点有不同的看法。阮仪三有针对性地立了一个科研课题"上海历史文化名城的特色要素分析",从历史文化名城的角度,为上海总结出如下特征:近代产业经济的崛起地;近代金融商业的根据地;近代科学技术的引进地;近代人文史迹的富集地;近代优秀建筑的荟萃地。还写了许多相关的文章。后来,他对外滩的规划等获得了一致好评,与上海市名城特色要素分析等科研项目一起获得了上海科技进步奖。

不久之后,他承担了对衡山路、溧阳路、思南路、新华路等历史街区的保护规划。在他的大力呼吁和实际运作下,促成了莫干山路 50 号(M50)和泰康路废弃工厂区(田子坊)的功能转换,使之成为上海重要的文化创意产业区。

阮仪三曾感慨自己这一生保了很多古城,有的是成了,有的是败了。其中,最令他骄傲的是上海犹太人区的保护。

二战期间的奥地利是欧洲第三大犹太人聚居地,犹太人总数约 18.5 万人。1938 年 3 月德国吞并奥地利后,纳粹欲将这里的犹太人赶尽杀绝,犹太人四处寻找逃出奥地利的途径。当时的美、英两国对奥移民的名额有限,其他不少国家也都强调自身困难,无法给他们办理签证。中国驻奥地利总领事何凤山极富同情心,不忍看着犹太人在维也纳等死,决定立即给犹太人办理签证,让他们去中国避难。后来,前后约有三四万犹太人去上海安了家,在提篮桥甚至形成了远东最大的犹太人居住区,还修建了咖啡馆、摩西会堂、电影院、医院等特色建筑。

不过,这个提篮桥犹太人居留地,若非是阮仪三及时插手,也难逃被拆命运。他"刀下留城"的事情也不知道做了多少,仅在上海,他就救了许多。不过,最有成就的还属犹太人保护区,那完全是真正的"刀下留城"。

那是在 2002 年。有一天,在隔壁的教研室里,阮仪三看到有两位老师正在画上海北外滩的规划图,北外滩就是沿黄浦江的虹口区提篮桥一带。仔细地看了他们所做的规划,他发现这个计划是要把原犹太难民避难聚留地(提篮桥、霍山路、长阳路一带)拆除,全部建高楼,丝毫不准备留存历史的痕迹。

阮仪三就劝他们:"这个地方是犹太人居住的地方,里面有日本领事馆,有美犹联合救济委员会。当年犹太人在此处避难,直到 1945 年二战结束。可以说,这里是当年那些犹太人的第二故乡,以色列的总理拉宾、总统佩雷斯以及美国前国务卿基辛格等政要都曾去过。提篮桥是重要的历史纪念地,不能随意拆迁啊!"

那两位老师摇头道:"我们不知道的,是上面叫我们画的拆迁范围,并没有关照让我们保护。"

阮仪三就去询问有关方面,发现对提篮桥果然没有保护的要求。当时上海的风貌区有 11 块,提篮桥那里除了一幢犹太人的摩西会堂,此外并没有任何保护要求。他又去了现场,看到每家每户都贴上了拆迁的布告,沿街的一些店铺也打出拆店大拍卖的广告,老百姓们都惶惶不安。

既然没有人管这件事,阮仪三决定自己去管。他立即组

织了同济大学的学生们对提篮桥做调研,意图提出一份有说服力的报告。没想到他们一调查就惹来了麻烦。2002 年 10 月的某天,虹口区政府打电话给阮仪三,说要见他。阮仪三没去。

第二天,区政府派了三位干部跑到阮仪三这里来,有规划局局长、拆迁办主任、房管处处长。阮仪三一看,三个人中间有两个是自己的学生。他们说:"阮教授啊,这块地方,政府都批下来,成了开发区,现在开发商都进来了。已经批准要拆迁的房子,你说不能拆要保护,扰乱了我们正常的工作秩序;其次,就是这些已经定下来要拆迁的房子,都被开发商拿去投资了。你这么一说要保护不拆,他们的方案就没法实现,高楼都建不成了,开发商要撤资,给我们造成经济损失;最后,就是老百姓都乱了。原来都说要搬走,现在你说不拆了,老百姓希望最好不拆,都跑了回来,因此又造成我们政府与群众的矛盾。所以,你干扰了我们政府的工作,你造成了经济损失,你破坏了政府与群众的关系!你这是自由主义、无政府主义!"如此给阮仪三戴了两个大帽子,罗列了三大罪名。

阮仪三是不怕他们的,立刻反驳道:"你们都是我的学生,我没教好你们,今天你们跑到这里来了,我就要训你们一顿。首先,你们都是公务员,公务员拿国家的工资,你为公众办事,你有什么经济损失?所以说,政府没有什么经济损失,开发商会有,如果你也有经济损失,那你们就是跟他有勾结,要么就是一起合伙投资。政府要考虑的是重大的社会效应,这里是重要的世界文化遗产,你们没有认识到,后面会造成重大的经济损失!"

三个人面面相觑,不敢承担此罪名,连连承认考虑不周。

阮仪三接着说："其次,我们调查让你们同意干什么? 要等你们同意,我调查都做不起来了。犹太人居住区有重要的历史价值,你们没有头脑没有学问要把它拆掉,我今天就要告诉你们它好在哪里。你看,他们的房子很有特点:每家每户的门上都有正、倒交叠的两个三角形,这个作为犹太教的象征一直在被使用。而且那里的房子的形状跟现存的石库门不完全一样,这些都是很重要的特点,更不用说他们的教堂了。都是很重要的历史遗产,你们得救下来。第三,你们说造成了群众损失,其实是你们没做好。本是一个拆迁安排的问题,你们没有全面了解情况就叫群众迁走,是你们造成的问题,却想把这顶帽子安在我头上!"

三位官员被老师当场狠狠训了一顿,很是服帖,不过仍然表示,拆迁还得照旧。阮仪三一想,这可不行。正好,同济大学的伍江教授刚被调到上海规划局当副局长,他曾是阮仪三的学生,两人平时很要好。阮仪三就去找伍江帮忙:"这件事你得帮我,给我想个法子,把这块地保下来吧。"

伍江建议:"好好好,您写个报告,直接写给主管此事的韩正市长。我正好有机会到他办公室去,我来想办法把信交到他手上。不过,您这封信可一定要写好。"

阮仪三连忙说:"没问题,我一定写好!" 他在信中引用了《先驱论坛报》《纽约时报》的评论,"这个犹太人居住地是很敏感的问题,是国际友谊的见证,假如不能保护好,会造成国际纠纷"。

驻沪的外国领事馆的夫人们对上海各式建筑很感兴趣,阮仪三经常给她们做此类讲座。当时有个涉外联谊活动,阮仪三在联谊会上讲到了提篮桥这块地方。她们很积极:"我们也来帮你呼吁!"这些领事馆的夫人们应该也起了一定的

作用。

阮仪三在 2002 年 11 月把报告送上去,两个月后,即 2003 年 1 月 1 日,上海市政府公布了新的历史文化风貌保护区。原有的 11 块保护区,在公布的时候变成了 12 块,文件上写着:上海提篮桥历史保护区。如此,上海第 12 块、也是最小的一块历史保护区,就这么被阮仪三保了下来。

然后就牵涉到规划。规划时,有很多犹太人去找阮仪三,愿意来提篮桥投资,以便更好地保护此地。2005 年纪念反法西斯胜利 60 周年的时候,上海市邀请了 100 位曾经在提篮桥居住过的犹太人回来探亲,阮仪三参与了接待工作。这些来宾大多非常有名,比如曾经担任美国财政部部长的布鲁门萨。犹太老人们重返故地,找到了生命中最刻骨铭心的记忆。

一到提篮桥老街区,布鲁门萨就说:"我认得路,你们不要告诉我,我要摸摸这面墙,小时候我就在墙边玩。"因为房子没有被动过,基本保持原样,他就一路摸着墙找到了原来的家,一个三层阁楼的楼顶。进了房间,很多人七嘴八舌地问他:"哎哟,老先生回到家了,还记得过去这里怎么样吗?"

他激动地回忆说:"那个时候很苦。这里是我爸爸妈妈的床,这个是我姐姐的床,这个是我哥哥的床。我的床在门口,每天都要收起来,不然没地方坐。不过,总算我们都活下来了。我们怎么能活下来的?全靠中国的大妈大爷们啊!"

说着他老泪纵横,一把抓住女儿的手,动情地说:"没有提篮桥,就没有我,没有你,没有犹太人的活路。我真的感谢上海,在我们犹太人被全世界赶尽杀绝之际,这里收留了我们,你要记住上海人民的恩情!"

以色列的总领事激动地说:"阮老师,我们把这块地方申请世界遗产吧。所有犹太人的纪念地都是世界遗产,但讲的全是犹太人遭遇的残暴压迫,所反映的内容是杀戮、死亡、悲惨、人性的扭曲。这里是什么?是和平、友谊。全世界那么多犹太人纪念地,唯有上海保留着活的'诺亚方舟'。"

提篮桥
——犹太人的诺亚方舟

◆ 编著 张艳华　◆ 顾问 阮仪三

同济大学出版社

阮仪三为顾问、张艳华所著《提篮桥——犹太人的诺亚方舟》

　　阮仪三深受感触,后来由他的博士张艳华写了一本书,名为《提篮桥的过去与现在》。他请以色列总领事写序,总领事建议他把题目改一改,改成了《提篮桥——犹太人的诺亚方舟》。他认为在城市中,要留一点重要的记忆。这些城市记忆的历史价值,不是用金钱所能计算的。提篮桥看起来只是留了一块地方、一些房子,实际上留下的是城市历史的延续,是中国人民与世界人民友好的见证。物在,纪念意义就在,犹太人会一代代地传下去。很快,这里就吸引了七家犹太公司对虹口区投资。区长来见阮仪三,高兴地说:"阮老师,你是我的财神爷。"

阮仪三开他玩笑："别忘了，当时我还被说成反政府主义呢。"

后来，他在博客中自豪地写道：

我们不可能指望提篮桥能够提供更多的科学或技术的价值。在艺术价值方面，提篮桥也似乎远远比不过上海其他的文化遗产资源。但是，当我们走进这片地区，仍然能够在不经意间发觉小小的摩西会堂。这座1927年由一幢民居改造而成的建筑，面积不大，艺术造型上也没有太大的特色，但却是上海仅存的一个犹太人纪念馆，里面完整地陈列着这段"拯救"的历史，它也是拉宾、佩雷斯、克林顿等一些国家元首到沪的必至之所。除此之外，提篮桥还有舟山路——当人们漫步在短短的舟山路时，几乎所有人都会为那里独特的建筑物及其保存的完整性所震撼。这些建筑物带有明显的犹太建筑风格，一排排的红砖墙面、精致拱门、弧形墙头的建筑无声地伫立着，诉说着那段特殊的故事。许多人也许还不知道霍山路上的百老汇戏院楼顶，还有一个莫斯科屋顶花园，当年乐于集会和交流的难民们苦中作乐，在此创造出了一片小小的室外社交天地……

更多人不知道的事实是：无数人今天仍在世界各地通过各种途径去了解提篮桥和互相了解。柏林的犹太人纪念馆里，每天都展示当年在上海的犹太难民生活；互联网上，一个取名为Rickshaw（黄包车夫）的网站成为一个活着的社区，将所有与提篮桥有关系的人聚集在一起；加拿大的艺术家们以提篮桥的历史为主题创作了一系列作品，并无偿地捐给了虹口……

2006年，一百多位当时住在这里的犹太人和他们的后裔重回虹口，回忆着当年的点点滴滴，并联名申请将提篮桥列入联合国教科文组织的世界遗产名单，原因正在于此。

今天，提篮桥已经被列入了上海十二片历史风貌保护区之一，仍然保持其舒适、宜人的街道尺度。漫步其间，你仍然能够感受到少许上海旧日的拥挤，但是又充满了生活气息的街巷。提篮桥的历史价值无可比拟，它成就了几万犹太人的生存，并将他们带到了世界各地——这已经超越了所有城市空间和建筑物所能提供的华丽外表。即就提篮桥的保护而言，最重要的是它提供了一种可贵的城市记忆：在一个摩天楼林立的大都市里，有这样一个默默存在的角落，曾经支撑着数万人的生存信念，并为他们的子孙后代提供了心灵深处的一块温暖园地。而保护提篮桥，就是保护这份真实的城市记忆。保护上海这座现代都市曾经拥有的历史，让人们对人性的美好充满希望。

□ 4．为石库门发声出力

2003年，上海市公布《历史文化风貌区和优秀历史建筑保护条例》，这是全国第一部保护历史街区和建筑的法规。

阮仪三欣慰之余,也有隐忧。因为就算依据这个条例,上海优秀历史建筑保护率还是非常少,才632处。伦敦比上海小多了,被保护的有1万处!英格兰,60万处!日本,100万处!他一直觉得,上海还缺少留存石库门建筑的保护区。

石库门是最具上海特色的居民住宅。太平天国起义时期,战乱迫使江浙一带的有钱人逃入沪租界寻求庇护。国外的房产商乘机大量修建住宅,中西合璧的石库门住宅应运而生。石库门继承和发展了中国住宅的传统特色,留住了天井、堂屋、厢房,沿袭了合院,在白墙灰瓦的江南民居基础上,增加了一点西洋装饰,但群体布局是联排的,有总弄支弄。这种里弄的布局,组成了中国人居住的集群:前街后巷,左邻右舍,前弄阿姨,后弄爷叔,形成了里弄情结,演绎出里弄风情。石库门住宅虽然没有间距、密度、绿化率等指标,却能让入住者安居乐业,邻里融洽,产生许多美好回忆。所以被拆迁的时候,老人们往往抱头痛哭。

阮仪三认为,中国的传统住宅充满了传统礼仪,人在这种环境中生存,从小就受到熏陶。一幢幢的四合院形成了胡同,一幢幢的石库门形成了里弄,延伸为和谐的邻里关系。过去所说的"过门亲",就是邻里之间的指腹为婚;"青梅竹马"讲的也是邻里儿童之间的情状。这种以家庭为核心的邻里关系,促成了中国传统社会良好的礼仪。现在常讲发扬国学,国学到底是什么却说不清。其实,这就是一种真正的国学,蕴藏于大众之中,以建筑的形式被固定下来,留存了重要的传统文化底蕴。而这个文化底蕴,就是他孜孜以求要将之留存下来的。所以,他希望能够完全、原本、不折不扣地留住这些蕴藏着文化传承的老房子。老房子中发生的记忆和历史,就像定海神针一样把历史定住,让人知道这个民族的未来往哪里走。

对于普通居民建筑的保护，是国内历史建筑保护的一个盲点。表面上，这些民居因为年久失修、人口密度过大而显得破败，实际上它们却是普通民众城市记忆中不可缺少的一部分。比如作为最能反映上海市井生活的建筑，石库门文化就孕育并滋养了上海近代文明。书画大家吴昌硕，著名作家张爱玲、徐志摩、周建人，清朝翰林与书法篆刻家高振宵，文学家章太炎，电影演员胡蝶，书画家吴青霞等文化名人曾住于弄内，著名文学家如鲁迅、蔡元培、郭沫若、茅盾、巴金、丁玲、丰子恺等也都在石库门的亭子间居住过，由此诞生了"亭子间文学"。

既然尚未有人保护石库门这个海派生活的活化石，阮仪三决定由自己的基金会去做此事。当时他提出一个计划，希望上海市规划局、文物局、房管局把上海市现存的石库门数量全部查一遍。那些部门估算下来，竟需要花费30个人手、耗资300万元、大概2年的时间才能做出来。阮仪三暗自嘀咕：这还弄得成吗？果然，计划报上去后就杳无消息了。资金从哪个部门出？都不肯拿钱。后来，阮仪三就说：还是我来吧，费用就从我的基金会的经费里出吧。

有钱就能做事。阮仪三组织了一支队伍，找了自己的十个博士生。又给每个博士配了三个硕士，每个硕士再带两个大学生。然后，每人发两种卡，一张上海市公交汽车卡，一张快餐店的饭卡，300元一张，600元就解决问题了。这么多人，一共才花了几万块钱。

此次调研花的最大的一笔钱，竟然是买图纸。原来市规划局，包括下属几个区的规划局，都不供图纸资料，说是提供不出来。阮仪三就出钱去上海市测绘局买图纸。当然，他按

的是搞房地产的程序，高价购买，花了6万多块钱。

他把市区一块块地划分，安排学生们像"卷地毯"一样，用8个月的时间把上海市的石库门全部卷了一遍。然后，又花了2个月把材料弄好。学生们每周四到他那里汇聚材料，阮仪三把所有的调研结果都仔细地检查、校对，最后拿出一份上海市所有石库门存留情况的调查表《上海中心城市历史文化风貌区扩大与新增调研报告》。

阮仪三在上海老宅调研

怕有关部门不认账，2009年2月他专门召开一个上海市的专家评审会，把调查表发了下去。大家一看都傻眼了，因为做得特别精彩。阮仪三拿出的这份调查表以保护石库门为主题，涉及上海中心城区400多个地块、上千条里弄、近万幢建筑，表明上海曾有石库门里弄9000处，占市区住宅总面积六成以上。调研结果如此之翔实，谁也反驳不了。阮仪三还给出了新的保护建议：在上海新增8个以石库门为主要特色的历史文化风貌区，重点保护186处里弄建筑。

会议过后，阮仪三把资料全部送给了规划局，补充了他们的图纸。后来,政府重新修改了上海市的管理保护的内容,增加了对石库门的保护。在深入的调查中,阮仪三发现了精彩而重要的、唯上海才有的特殊景观,就是中心城区在近年来的建设与发展中形成的高低层结合的新布局。他激动地写道:

> 在上海老市区,这些年来建了几千幢高层建筑,这是城市发展的需要,也是城市现代发展的象征。在这些高层建筑的底下,留有大片低层的红瓦的屋顶,这些低层房屋就是尚存的石库门里弄。红瓦屋顶呈现着有规划的排列,一个一个的屋顶在阳光下阴阳分明,老式石库门屋顶上突出的老虎窗打破了屋顶的平直和单调。新式石库门屋顶却是多方向的组合,显得精致而多样,这一片那一片,在排列格局上各不相同,一块块地富有强烈的节奏,像跳动的音符,有一种原生的美感。特别是从高楼向下俯瞰,不同的高度会有不同的景象,非常的美妙、有特色,像一首有节奏的乐曲。就在这些石库门里,生活着上海的老住户,这正是老上海历史的根底。这些红瓦屋顶笼罩着的,是上海百余年来传统文脉的涌动。

2009 年 9 月,趁着上海世博会即将召开之际,阮仪三提出要保护石库门。他在给上海市委书记俞正声的信中写道:"北京在 2008 年奥运前夕,曾投资 10 亿元修了 1474 幢四合院对外开放,让世界各地的游客参观北京的老民居。上海是不是也应该修缮 3000 幢石库门,在世博会期间可以向世人

展示上海的石库门居住文化，就像北京展示自己的胡同文化一样？"

俞正声回复他："你的想法很好！上海的石库门、上海的老建筑，我一直希望能有很好的调查和保护。不过我们不是做给别人看的，面子工程我不做。"

阮仪三觉得这是位好市长。俞正声在信里又提出一个问题："上海到底有多少应该保护的石库门？目前还没有人能回答我。"

阮仪三回答了这个问题，他已经有了这么一个大规模的调查，把上海石库门提高到一个新的地位。采纳了阮仪三的建议之后，上海市政府很快采取行动，将石库门保护列入上海城市规划的总体构想之中，在全市重点保护了186处里弄建筑。

不过，这个数字在阮仪三看来远远不够。从他出具调研报告到2015年，短短不过六年时间，报告上的石库门又消失了三分之一。而且后来的有些保护，其实都是商业的运作。所谓的维修，不过是把老房子拆掉修新的石库门，根本不是保护。这些年来，他连续在《新民晚报》上刊发了12篇保护石库门的文章，目的就是要教育群众提高认识。对石库门如何保？保多少？阮仪三认为关键是三点：

> 一是要有相应的政策。上海目前没有出台石库门建筑的相关保护政策，现行的政策只适用于拆迁。1907年法国就有了完善的历史建筑保护法，1962年法国出台了历史城镇保护法《马尔罗法令》。而中国目前从法的概念来说，只有《文物保护法》，而文物保护和建筑保护有很大的区别。上海目前

有《历史风貌区和优秀历史建筑保护条例》，但大量的石库门建筑不在此列；第二，要有资金支持，保护还是要有钱。过去的老房子都是一家一户的，我小时候一到梅雨季，家家都修房子；一刮风，家家修门窗。欧洲的很多老房子得以保留至今，就是因为经常修复。但是中国很多老房子都属于国家，跟个人没关系。如果政府觉得没有经济效益就选择不修，这政策是有问题的。保护上海老石库门大概有几十亿元人民币就可以初见成效，但是这笔钱却没有着落；三是要做试验和实践才能有效果。传统住宅的保护，全国所有的历史名城都没有做好，这是一个大与新的课题。

□5.“刀下”抢救其他沪上遗存

这些年来，阮仪三都数不清自己挽救了多少优秀建筑免遭被拆厄运。可以说，他为了不让具有文物价值的建筑遗存被拆，处处大喊“刀下留城”。仅在上海，被救下的就不止上文提到的划船俱乐部、提篮桥犹太人保护区，晚清上海道台聂缉椝的家园——聂家花园，也是在阮仪三的奔走呼吁下才被保了下来。

阮仪三与他的课题组在之前进行的里弄现状调查中，发现聂家花园是一处保存比较完好的名人故居，建于20世纪20年代初。台湾前“财长”费骅的夫人张心漪，是聂家的外孙女，曾撰文回忆这个花园：“外婆家永远是一座美丽的迷宫，那里有曲折的小径，可跑汽车的大道，仅容一个人通过的石

149

板桥,金鱼游来游去的荷花池,半藏在松林间的茅草亭,由暖气养着的玫瑰、茉莉、菊花、素心兰的玻璃花房……"

当阮仪三得知此花园洋房被划入平凉西块拆迁区后,马不停蹄地找到当时的杨浦区委书记陈安杰,向他陈明利害:"很多区都缺少这样的历史文化资源,这样的好东西你们怎么要拆?"

当时,聂家老宅已经确定拆迁,所有手续齐全。区委书记把涉及该建筑拆迁的 10 个局长全部找来,现场集体办公,并请阮仪三坐镇和局长们谈。阮仪三就对他们讲,要留下上海的优秀文化遗产。仅仅一个上午,所有手续办齐,花园不拆了。不仅如此,2009 年 8 月,聂家还被申报为上海市历史优秀文化建筑。

还有一处是由阮仪三的恩师陈从周先生设计、因龙华塔倒影而得名的塔影园。上海在建设地铁 12 号线时,塔影园未被划入保护范围,2014 年初欲被拆掉。阮仪三从同济大学的路秉杰教授处得知此事后赶去现场,发现园内已张贴拆迁通知,里面的东西都搬走了,堆的全是垃圾,书画社也关门了。他直接找到上海市与徐汇区的规划局局长,这两位局长都是他的学生。他给他们讲道理,甚至开玩笑说,"难道你们连老师的老师的建筑都要拆?"最终保下了塔影园。

2014 年 8 月,虹口区武进路上的宸虹园要被拆迁,老百姓告状告到阮仪三那里。他到现场一看,发现那是一栋造型独特的红顶大屋,南面有五个漂亮的拱窗,竟然是民国时接待过孙中山的名园。他认为对于这类老建筑,有人提出保护就说明它有保护的价值,现在上海保留下来的历史建筑太少了。而且,很多历史建筑都因为在整体规划中不注意保护而遭到破坏。他就给虹口区政府领导打电话，说应该救下这座花园。如今，嵌虹园已成功申请上海市第五批优秀历史建筑，得到了应有的保护。

1909 年落成的上海老北站（即上海北火车站），是一座红白相间的英式古典风格建筑。2016 年 10 月，上海老北站周围地区要拆迁。很多媒体发表文章，电视台也报道，认为它是历史建筑，怎能拆掉？政府得知后，批评是自由主义，所有的报道一律停止。这些人就找阮仪三求助。阮仪三赶去现场，当时老北站已被拦起，不准人看。阮仪三对维护秩序的人说："我是阮仪三。"他们就放他进去了。远远围观的很多老百姓都认识他，高兴地说："阮教授来了，老北站有救了！"

看过之后，阮仪三给上海市市长韩正写了一封信，话说得比较重："上海是怎么发展起来的？靠的就是老北站接待的来自全国各地的朋友。当年这些人背井离乡来沪谋生，一步步地把上海建设成为现代化的大都市。上海老百姓心目中能留住乡愁的地方，以老北站为首。然后是十六铺码头，那里是上海的老码头，现在被拆掉了，变成了繁华地带；外滩虽然留住了，大自鸣钟却没有了；现在老北站又要被拆！难道上海的乡愁要在我们手里被毁掉？我们这一代人要有担当，后人会给我们评价的！"

韩正市长很快就回复了阮仪三，批示把原来的方案推翻重做。由此，老北站被保了下来，完全就是"刀下留站"。

上面提及的几处地方，只是阮仪三抢下的历史优秀建筑的冰山一角。他常说："我做的保护工作常常引起一些人的不快。很多人说我傻，放着大钱不赚，还要自己'掏腰包'去保护古建筑。可是，我真的是本着良心在做事，这是我对老舰长的承诺！"

□6．扬州人的骨气

1980 年以后，阮仪三做了讲师，就选定扬州作为学生的教学课题与毕业设计。当他带着学生利用暑假时间去扬州调研时，曾给萃园、珍园、石塔等几个招待所做过义务规划。后来，他对扬州东关街、仁丰里、教场、东圈门、小秦淮河、何园等区域，都做过保护和发展规划。阮仪三的表舅朱懋伟，当时在扬州城建部门做领导，很多课题都是他给的建议。在阮仪三看来，扬州的古城保护，在全国也是做得比较好的。扬州的明清古城，很早划定了保护范围，既没有大拆大建，也没有"开膛破肚"式的大开路，即使横穿古城的文昌路，也是小心翼翼的。城墙遗址也得到很好的保护。在东门、南门从地下被挖出的老城墙，做好防护后，原样保留，并未在原址上重砌，让人们真切看到了城墙遗址的样子。

更令他欣喜的是，进入 21 世纪之后，扬州老城中有一群老居民，热衷于改建新房子或是营建着古式的新房子，让他看到了传统文化回归的希望。

2016 年阮仪三回扬州参加一个理论研讨会，会议结束后，他顾不上休息，饶有兴趣地赶到丁家湾，要去看看扬州老百姓的小庭院。这一看令他大是诧异，他发现不少人家在自家的天井、院子栽种了适宜的花草树木，有的堆了半壁假山，有的开了池塘、围了廊子、盖了亭子，俨然是一个居家的小园林。

他高兴地点评着园中的假山："在园子里叠石造山，是人们模仿大自然的一种手法，它使人在方寸之地遥想到深邃山

阮仪三访问扬州老百姓的小庭院

林、幽邃山谷。这叫'小中见大'，是中国园林最大的特点。你们看这池中的睡莲是盆栽的，这样不蔓生。这水是活的吗?"

"对面假山中有口暗井的。"扬州小庭院艺术研究会会长徐鹏志答道。

"暗井，好，地下水相通，这一池水就是活水了。这是一种藏景的造园手法，井圈不外露。"阮仪三连连点头。

从逸圃出来，一行人来到"听雨书屋"。这座园子曾请扬州园林文史专家许少飞作高参，假山由叠石家方惠构建。在听了园主人胡炳泉的介绍之后，阮仪三说:"不容易呀，夹缝中求得生存，因地制宜、因陋就简，在简陋中获得神奇。七分主人三分匠，胡大师，你也是造园的大师呀。"

接着，阮仪三又谈起园林的植物:"粉墙花弄影。园林里，建筑的白墙好像一幅宣纸，有姿态的树就是一幅画。苏州网师园里有个看松读画轩，轩外有古朴的松柏。看树就是看画，看出诗情画意。所以园林里选植物很讲究树形树象，要自然含蓄而不显露人工造景的痕迹。自然界的树多是曲折的，像欧洲人那样修剪，不是中国园林。我们要'疏影横斜

水清浅',树不仅要疏,还要斜,不能太直太茂盛。树种也有讲究,比如这香樟。"他指指皮市街上的行道树,"它属于阴树,不适合庭院里栽。"

当被问起刚才两个私家小园在配置植物上有什么不足,阮仪三直言不讳:"逸庐最南墙的花叶常春藤与凌霄太过繁盛,得修修,当然要修得自然。听雨书屋里的那棵香橼若能歪斜得有些姿态更好,还有'听雨'二字的意境,可以通过芭蕉或荷花来营造,因为这两种植物叶片大,是最宜于听雨的。"

谈笑间一行人来到梅庐。梅庐的主人朱红梅是土生土长的扬州人,因自幼在老巷生活,对高楼大厦找不到家的那种归属感,于是在 2014 年,她买了一套一百平方米的老宅。为了将老旧不堪的老宅改造成理想中的样子,她咨询了建筑、叠石、花木、盆景等多位专家,甚至不惜到安徽、镇江等地去寻找建筑材料。建成后的梅庐虽不大,却古意盎然。开门即见山,向西间有主侧小峰而收于小院西北角,山亦为上南厅平台的踏阶,阶内侧靠墙有贴壁假山,如此又形成远山近山的层次感。一窗一廊,都透着典雅的韵味。

阮仪三点评道:"假山,人工造的山,称其'假',却有真意,实为不易。你这里,假山贴壁倒是一个特点。贴壁假山多,是扬州的特色。何园里面,从风亭到读书楼,很长的一段贴壁,非常高妙。贴壁形成了深远的山意,还利用了空间,适合小院落。"

梅庐的南厅外有几株芭蕉,叶大如墙,摇曳生姿,蕉下品茗,更具意境。阮仪三赞道:"留得芭蕉听雨声,不光是眼看,还有耳听、鼻闻,最重要的是心灵的感受。满眼葱绿,与西方一览无余的大花坛不同,中国园林是隐逸的诗情画意的感觉。梅庐很精巧呀。"

此行让阮仪三发现，扬州的有些人家，率性地把新式住房改成了古式厅堂，有的大改，有的小弄。还有人专门成立了古建修复改建公司，帮助喜欢传统式样的人家进行古式铺装的工作，甚至还有人家把新房拆平，重盖古式厅堂式民居。老家的住户没有选择冷冰冰的瓷砖，而用自己的双手恢复了老祖宗留下的诗情画意的环境。这里开始有了鸟语花香、春兰秋菊、池沼游鱼的情趣。亲朋好友可以在花架下品茗下棋，也有在亭廊上弹琴弄瑟。一枝红杏出墙，招来邻居和过客的惊艳。根据扬州市庭院研究会调查，目前在老城区及近郊古镇上，有近80家小巧精致的私家园林。阮仪三知道后非常激动："这说明老百姓还眷恋着古色古香的传统老宅。他们在用自己的力量不让历史文化的流失，用自己的行动在找回乡愁。"[1]

扬州的这些私家小庭院，让阮仪三从扬州人对传统建筑、园林和文化的营造与热爱中，感受到了扬州人的精气神。他激动地说："现代社会，新房解决了居住，但丢了文化魂。各个城市面貌千篇一律，高楼林立，车水马龙。扬州人还在坚守文化，方寸隙小之间，用传统手法造精致、雅致的文化小园林。在这些小庭园里，我看到扬州的精气神回来了。它们对整个城市文化起了振兴作用。它们看得见，摸得着，守得住，学得会，完全可以复制。它们的复苏与振兴，弥补了城市建设中的遗憾。我为扬州、为扬州人点赞，点10个赞、100个赞！"

---

① 刘冠霖：《阮仪三：扬州古城保护越来越好》，《扬州晚报》，2016年9月8日。

阮仪三始终怀有一颗热爱祖国优秀文化传统的诚挚之心，他为中华传统文化所陶冶，后来所从事的保护古建、古城、古村的工作，正是反映了他的这种赤子之心。令他忧心的是：国家强盛了，但文化传统被外来文化冲击削弱了。人们为经济片面的发展冲昏了头脑，自己虽不能力挽狂澜，但力求保住一个是一个。为后人留下前人的遗存，在振兴中华传统文化的过程中留存再生的火种。所以他总是在各种场合强调"四性五原"原则——即保护历史文化遗存要坚持"四性"：原真性、整体性、可读性、可持续性；在修缮古建、古城时要坚持"五原"：原材料、原工艺、原样式、原结构、原环境。

阮仪三之所以声嘶力竭地呼吁，是因他身上凝聚着中华民族的骨气，故而他竭力称赞故乡扬州老城中出现的新的老建筑和小古典园林。在他看来，这就是扬州人的骨气，反映了老扬州人骨子里的文化素质、文化风骨。扬州人借此留住了一段乡愁，并在培植乡愁的土壤。他认为扬州的这股风气，应该得到推广和发扬。大家常说的群众参与振兴城市文化，在扬州已开风气之先了。

第八章　真伪之问，复兴更新

☐ 1. 拆真的，建假的

　　浙江省江山市清漾村，以江南毛氏发祥地而著称，是毛泽东（毛氏 56 代）的祖居地，也是蒋介石夫人毛福梅和熊希龄夫人毛彦文的祖籍地。这里不仅留下了完整的毛氏族谱，还有历经 1500 余年的清漾祖宅。这个千年小山村，留存了原真的城镇形态，有明代的文峰古塔，还有由完整石板铺就的仙霞古道。

　　2006 年，阮仪三受邀为清漾做保护规划。一年后，他发现当地根本未按此规划去做，主要的老房子一幢也没修，却为了迎合旅游市场，造了很多新建筑、大牌坊。古山村的原生态场景受到了根本性的破坏。他打电话质问，对方却说："我们没有动你的保护规划啊，就是在旁边加了点东西。"阮仪三痛心啊，正是"加"了这些不伦不类的东西，才破坏了环境。有些地方的古城和古建虽然留了下来，但过度的商业化却使其失去了原有的风貌。

　　无独有偶。湖南凤凰古城在 2000 年曾请阮仪三做古城保护规划。当时的凤凰，是美丽的沱江边的一座安静的边

城,有 13 座古老的吊脚楼。阮仪三认为:吊脚楼是苗汉居住文化融合的产物,多建于溪旁高坎之上,或竹木掩映之间。在河岸外悬挑建屋,下用大木结构支撑而形成吊脚,依山就势可减少土方工程。作为过去"边城"人民的智慧结晶,在新的规划中,他提出对吊脚楼能留存的要尽量留存,能恢复的要尽量恢复。最重要的一点,对吊脚楼的保护只能做减法,不能再做加法了。10 年后再去古城,阮仪三发现:由于过度的商业开发,古城失去了原有的韵味。不仅新造了一百多座假的吊脚楼,而且越建越高。因为盲目建设,江边吊脚楼已呈现"多、高、危"三大缺陷。那里失去了往日的安宁,沈从文笔下《边城》里的翠翠也要逃走了。

凡此种种,阮仪三总是直言不讳,毫不回避。有人当面对他讲:"阮老师,这件事你不要来多管闲事,保护住这些古城就完成你的任务了。"阮仪三驳斥道:"我们保护的目的是什么? 是为了留存祖国优秀文化遗产,顺便才发展旅游,但是有人走着走着就走偏了。现在很多的城市,我看后觉得很悲哀,都是千城一貌,万屋一面。"

更令他忧心的是:如果说 20 世纪 80 年代在大规模的开发建设中,旧城要换新貌,不知不觉中毁掉了很多古城,他是在和无知作斗争;到了 20 世纪 90 年代,他就是与贪婪做斗争。这可比过去深刻得多,也难得多。因为贪婪的手法更为隐蔽,更难以说服,背后都有经济利益在驱动。此时人们对古城的认识逐步提高,特别是在阮仪三先后救下江南水乡仅存的几个古镇之后,经过旅游开发,人们看到古镇的美,开始意识到古镇的价值。可是当年的老房子都被拆了,怎么办呢? 于是,有些人开始建造"假古董"。

所谓的"假古董",指的是近几年各地兴起的新建仿古建筑风，以及在一些古城镇和历史文化景点重新修建已经损毁的古建筑的做法。有一次，某地市长让阮仪三去看他们新修的"汉街"，即汉代一条街，请他提提意见。阮仪三哭笑不得地告诉他们："'汉街'两个字怎么可以写在一起？汉代只有市，根本没有街。大家看到《清明上河图》里有街，那也是宋朝开始有街的概念。"

还有某地新修了一段汉代的砖城墙。阮仪三断言，那一定是假古董。因为宋朝以前建的城墙都是土堆的，最多是石头的。自从宋朝发明了火炮，炮一轰，土城墙很容易倒，才开始用砖砌城墙。所以砖砌到城墙上，是宋朝以后的事情。

再比如 20 世纪 80 年代北京重修琉璃厂文化街之后，全国很多城市陆续地出现了"明清一条街"，到处是红色的廊柱。稍懂历史的人看了都觉得可笑，因为明清两朝在建筑色彩的施用上有严格限制，只有紫禁城和庙宇能使用红黄两色，其他建筑的颜色大多是灰色。

阮仪三曾意味深长地对记者说："我们要多懂一点历史，少造一些假古董。假古董没有历史文化价值，一般老百姓看不出来，还觉得很好看，但专家一眼就能看出来。假古董跟假货、假食品一样，都是因为贪利。但建筑不是普通消费品，不合格食品的后果可以很快显现，造假古董的坏影响不那么直接，得花上若干时间才会被人识破。而在此过程中，虚假、伪造的假古董，会对人们形成坏的教化，误导人们的审美观念，也损害国家荣誉。"

"知我者，谓我心忧。不知我者，谓我何求。"阮仪三如是说："现在许多人看到保护古城取得的成绩——保护好的都名利双收，产生效益了，晓得要保护古城，也晓得申报世界遗产了。但当申遗成风时，我就担忧了。担忧的是他们把保护

古城看成是获取经济效益的一个手段。因为凡是片面追求经济效益的地方,造成的深层次破坏是根本性的。以前是不识货一推了之,现在做不好却是从内部进行的深层次的破坏,还举着保护的旗号。"

这种担忧不无道理。前些年,西安提出重现汉唐风貌,大同也说恢复辽代风光。阮仪三认为,这些说法本身就有问题,人们永远不可能重现汉唐风貌、恢复辽代风光。后来,大同时任耿市长拆光了包括明清民居在内的、当地成片的历史街区,打算全部重建,以重现辽代城市风光。阮仪三告诉他们:"大同虽然有辽代建筑(大庙),但是没有辽代的民居。"明清民居群落被拆光后不久,国家文物局就对大同市予以严厉批评。阮仪三写了一篇文章(《由"市民跪留市长"事件引发的城市遗产保护之忧》),算是"告御状"。在文章中他说:"大同拆了真古董,却做假古董,如果都是这样的领导干部,我们的古城就保不住了。"后来,这篇文章被一本专门给国家领导看的《求是》杂志转载了。阮仪三痛心地说:"说到底,就是我们对自己的文化不尊重,只有我们做到了对悠久历史文化的尊重,保护古城才有希望。"

人们经常疑惑:为什么中国有 18800 座城市,2000 座历史古城,可只有平遥和丽江两座城市成为世界文化遗产? 其实我国从 1987 年开始就向联合国推荐世界遗产名录,但偌大的中国却一时找不到作为历史名城的推荐名单。这是因为 1964 年通过的《威尼斯宪章》(又名《国际古迹保护与修复宪章》),主张原真性保护,反对任何重建。

而中国的许多古城比如北京,其元大都城墙于 1958 年被拆,只余下白塔寺;汉唐古都西安的汉朝遗迹都在地底下,唐朝建筑只有大雁塔和小雁塔;开封洛阳也没有唐代建筑了，经历过七次黄河水淹，古迹全在地下。所以，尽管不愿意承认，可事实上，在对待历史文化方面，我们做得比较差。

阮仪三每次去欧洲考察历史文化遗存，都感觉比人家矮半截。比如巴黎的街道才是真正的"明代一条街"，因为都建于 15、16 世纪并一直保存至今。国外对于历史文化遗产、历史城市的保护，特别强调要"完整的留存"。阮仪三参观过奥地利的世界文化遗产杜伦施坦，那是一座 15 世纪的城堡遗址。它的现状就像一座废墟，断垣残壁，一直以这样一种方式留存至今。还有罗马的斗兽场、雅典的神庙，也是这种废墟式的留存，其实给人看的是一两千年以前的真实存在，都是原汁原味的东西。要是国人的话，很可能会把它整修起来，修得很完整。

可是仿造的东西不具有历史文化价值，也不可能成为有文化内涵的历史景点，徒然耗费人民的钱财。特别讽刺的是，从 1989 年开始全国做了 2000 多个所谓的人工景点、主题公园，现在百分之八九十已经垮掉了。

2008 年汶川大地震后，同济大学建筑系有专家赶去灾区了解情况，并对都江堰的古建筑群实地考察。结果发现：在那条西街上，建于清朝的二王庙大殿没怎么遭到破坏，老建筑基本无恙；倒是后来新修的假古董，诸如山门、配殿等都毁坏了。还有 20 世纪八九十年代造的房子，也都倒了。之后他们得出的结论是"真古董存，假古董毁"，很是让人感慨。一场天灾下来，还真是"去伪存真"了。

阮仪三意识到，目前国内对"历史建筑和城市遗迹要保护"这个话题已经没有争议，但对"如何才是真正的保护"却有不同的说法。为澄清、化解各种片面和错误的认识，2016年，他与自己的博士生李红艳撰写了《真伪之问——何谓真

正的城市遗产保护》一书，从文化遗产保护的原真性理论出发，辨析当前我国城市遗产保护的思潮与实践，通过澄清原真性的内涵，明晰城市遗产保护的正确概念与做法，为中国城市文化遗产保护的健康发展铺路。

□2．延年益寿还是返老还童？

阮仪三学生多，友人也多。2011年春节，他填了一首《贺新春·调寄阮郎归》相赠："一元复始春意浓，万物展新容。鹧鸪声里又一年，玉兔驾东风。十二五，开新篇，岁岁鞍马尘。如今又逢迎新春，桃李盈阶庭。"作家冯骥才很快回了他一条短信："和阮兄新春词：年来忧心又重重，万村欲变容，你我嘴硬又何用，人做耳边风。文人单，性本弱，骨软更无力。只缘我辈心不死，相助亦相惜。"

冯先生说的是他们所面对的遗产保护之事，他们的呼吁常常只换来无奈和失望。2012年，梁林故居被拆就是一记警钟。20世纪50年代拆北京城墙的时候，梁思成抱着城砖哭："50年后你们会后悔的"；50年后，梁思成林徽因故居被拆，成为一堆瓦砾。阮仪三气愤地说："梁林故居被拆了，最后只是罚款，我说这样的人应该关五年。跟现在食品安全问题一样，我们要在政策上用重典。"他反对历史文化名城"旧城改造"，甚至反对"旧城改造"这四个字。阮仪三在很多场合都说过：

> 建新房子能创造GDP，保护老房子没有GDP，所以地方官员不喜欢城市更新，只喜欢旧城改造、

旧房改造、民居改造，我认为这都是错误的。现在先进的国家不用"改造"二字，只用"更新"或"复兴"。旧城更新是把好的留下来，坏的淘汰掉，核心是留住城市原来的风貌；旧城改造是拆旧房、建新房，看重的是房子底下的那块地，没有看到老房子的价值。

其实二战后，许多欧洲国家就采取了城市更新，而不是我们现在的旧城改造。这些国家把恢复历史建筑和保护古城，看作重建民族精神的重要手段，借此增强人民的自尊和自信，提高民族的文化素质和凝聚力。

比如华沙就否定了苏联专家要修建新红场的提议，而是把华沙按照原样恢复。法兰克福在战争中也遭到严重破坏，重建时也是原样修复，新旧分开，新城雄伟壮观，老城古朴典雅。柏林还有一个专事修复原东德地区历史街区的组织，名叫"小心翼翼地修改城市"。单是这个名字，就饱含对历史文化遗产的虔敬。于是，圣彼得堡、柏林、华沙、布拉格等城市都重新焕发了历史文化光彩，成了与巴黎、伦敦、威尼斯一样重要的文化名城。而我们的古城，却正在迅速地变为新城。①

此番言语可谓犀利，道出了症结所在。阮仪三认为，许多人的保护意识和观念很落后，

缺乏对历史文化的敬畏之心。一些人觉得拆了之后

① 冯骥才．"序言"，《护城纪实》，中国建筑工业出版社，2003年。

还可以重建,但事实上,历史遗产的最大价值就在于其独一无二的历史文化积淀。阮仪三对历史文化遗产的保护强调提出了"整旧如故,以存其真"的原则,修改了梁思成先生提出的"修旧如旧"的提法。"修旧如旧"没有错,但阮仪三担心的是,现在有人打着这"如旧"的旗号,为做假古董当幌子。

《文物保护准则》中提出了"可读性"原则,就是历史的遗迹是可以读取的,不要用现代人的意识、用现代的手法把过去历史留下来的遗迹全都抹掉。阮仪三在欧洲、日本,看到他们的遗迹也一直在修,不过他们对历史原貌悉心呵护,不仅记录了修复时间,甚至为了加固而放进去的钢件、铁件也个个"记录备案"。

阮仪三主张要保护古城,因为古城是创新城市的土壤和温床。他也同意在必要的情况下,历史建筑可以重建,但希望重建要做到"五原"原则:原材料、原工艺、原样式、原结构、原环境。保护要坚持"整旧如故,以存其真"的原则。在保留古建筑基础上原样原修,让老建筑延年益寿,不要"返老还童",更不是新造个"假古董"。

2015 年 5 月《上海市城市更新实施办法》正式实施,其中强调了"内涵式增长"。阮仪三解释说:

> 什么是内涵? 除了房子本身,其历史价值也需要保护,这就是房子的内涵。内涵是形成良好社会气氛的重要形态,现在正在慢慢消失。所以,我们说要留住乡愁。乡愁就是对故乡的思念之情,是对人与人相处的物质环境的记忆,如果没有了,想不起来了,找不到了,人就会发愁。乡愁是那些曾经

触摸过、参与过的活动、场景，曾经燃起过青年时代激情的触点，是少年时光稚嫩的懵懂的回忆。乡愁包含着家乡祖祖辈辈留下的人与人的亲情关系，而这些关系又凭借着故乡的那些古老建筑及建筑所形成的场景、风光特色而存在。

历史上，清代人不会去建明代建筑，明代人不会建宋代建筑。每个时代都有其特定的时代建筑。阮仪三希望自己所要保护的东西，能把历史的真实留给人们，是什么样的建筑的性质，就应该具有什么样的特征。现在人们仿明清、仿西洋，欧陆风情泛滥成灾，在他看来，这是文化贫瘠的一种表现。他曾去美国考察，有了意外的收获：

在欧美，许多人信教，到处可以见到教堂，有的是高耸的尖塔，竖着十字架；也有的是半圆形的穹顶，围着华丽的装饰。那些古老的教堂都被保护得很好，修缮得整整齐齐，还在继续使用，大门敞开，也欢迎不信教的人前来参观游览。也有许多新教堂，都是后来新建的。不同年代流行不同的建筑式样，有复古主义，有新建筑派，有建筑装饰派，有现代派，有摩登派，还有结构主义、高技派等等，教堂也展现出各式各样流派的建筑样式。在各地偏远的乡村，教堂也像乡村建筑那样，充满了乡土气息。这些教堂，无论是外立面造型还是内部空间都是呈现出公共活动场所的特点，是进行宗教祈祷仪式的地方，崇高、肃穆、清净，而不是张扬的、喧闹的。有的屋顶上有十字架标志，也有的挂着钟，有宗教特

有的气氛，使你一下子就能将它与其他性质的建筑区分开来。在洛杉矶附近，有一个教堂，外立面是全玻璃的，极具现代感。当然，还是能一眼看出是教堂。可以说，西方的建筑是与时共进的，其艺术形象适应了现代人的需求。

而纵观我国的教堂以及寺庙，却是百年不变。特别是这十多年以来，人们手里有些钱了，宗教活动也多起来了，全国各地造了各式各样的寺庙、道观、教堂、祠堂，等等，但无一不是大屋顶琉璃瓦，大都是仿清、仿明、仿宋、仿唐的，有的即便是仿也仿得不像样，简单地把古代建筑形式搬来而已。

有人说这是一种对古代文化的尊重，是中国人的执着和认真。但我却不这么认为，因为国人在造新建筑时又那么喜欢新奇的东西。外国流行什么，中国很快就有——玻璃幕、空钢架、帆布篷、反曲线，到处都是。前些年还大刮"欧陆风"，把希腊罗马的古典装饰和建筑样式奉为经典，却又弄成不伦不类的"中西合璧"，在新的建筑样式上全然没有自己的、民族的和地方的特色。

上海曾提出要搞"一城九镇"，即修建德国城、法国城、意大利城，等等。一位市领导来问阮仪三的意见。他当时就说："要建设有中国传统特色的，同时又是现代的、有地方特色的建筑，再吸收外来文化，应该这样结合在一起去实施。"他还举出一些例子，比如王澍的作品，一看就是中国式的，但又符合国外的理念，既先进又很有特点；还有贝聿铭设计的苏州博物馆，外表看上去很现代，是钢结构的现代建筑，但是再看第二眼，就发现里面有好的意境和空间布局，是典型的苏式小桥流水与白墙灰瓦，这也是贝先生从苏州的传统建筑中获得的灵感。

此即阮仪三一直坚持的理念："新时代要创造自己的新风格。在这个意义上，我们留存古代的遗产，更重要的是要让人知道，这部分是清代的、那部分是明代的……而且它还在发展。我们要留什么给下一代？给他们一堆大杂烩吗？我们留存古建筑是为了研究借鉴，创造我们的新建筑。"

□ 3 . 一起来修老房子

当年阮仪三给平遥做规划时，根本没有任何经费，还从学校借了 3000 元，后来用自己的经费慢慢还的。现在他进行的全国各地古城调查，都是自己贴钱做的。每年都要花去15—20 万元，相当于一辆小汽车的钱，所以他买不起房子，至今和老伴仍住在同济大学的老房里。其实要想赚钱，他一年可以挣上好几百万，也可住更好的房子。

不过对于阮仪三来说，房子够住就好。令他心焦的是，自己所做的历史文化遗产保护与发展研究，在中国还很不成气候。国内那么多高校，那么多的博士生导师，这个专业却只有阮仪三一个人在做；而在法国，那可是一个超级学院，工作七年以上才有资格上这所学院；英国呢？开设这样专业的学校有七个！

说起来，他已经是超龄工作。不过，为了能救下一点过去的文化与记忆，他仍旧不断地奔走。在一篇博客中，他如此写道："我认为最重要的是教育人的工作。一幢幢房子、一

座座城市被保护得再好，也只不过就这几件事，在偌大的中国大地真是沧海一粟。而要紧的是接班人的培养，要后继有人，让下一代真正爱上古建，我们的保护事业才真正有希望。我按规定退休了，不在课堂上讲课了，就去各种讲座上讲。另外我还做些新花样，我创办的阮仪三城市遗产保护基金会致力于这种隐性教育活动，潜移默化地去影响年轻人。"

法国有个青年志愿者工作营 REMPART，每年都会组织年轻人，通过两周的劳动，亲身维修历史建筑，来增强年轻人对历史建筑的保护意识和感情。50 多年来，工作营已经成为一种跟古建筑、跟历史对话的经典方式。

2010 年，阮仪三基金会与 REMPART 合作，开始派中国青年志愿者去法国。为了了解对方的运作和管理机制，把经验带回来，阮仪三特意派出自己的孙子、同济大学城市规划专业学生阮一家前去"卧底"。在阮一家很小的时候，阮仪三就带着他去乡野间搞调研。再长大些，阮一家还会跟着爷爷旁听一些研讨会，对古城古镇的热爱，可谓从小耳濡目染。这次，阮一家参与修缮了巴黎郊外的一座古堡，亲手用凿子加工石头，两手满是茧子，伤痕累累。

自 2011 年起，阮仪三基金会先后在平遥、苏州、新绛、同里、金华等地开设了志愿者工作营。来自中、英、法的近百位志愿者自备旅费，跟着当地古建队的师傅们，学习木匠、石匠、泥瓦匠等传统技艺，亲手学习修复古建筑。每一年阮仪三都要亲自参加开营仪式，身着白 T 恤的他，既和蔼又儒雅，浑身上下充满活力，总会让人忘记他的真实年纪。他来是为年轻人鼓劲的，想让大家在汗水中明白，先人们建造这些房子有多不易。要让他们在触摸中体会这些老建筑的价值，再吸引更多人一起来保护古建筑。

　　虽说阮仪三最想影响的就是年轻人，可刚开始搞工作营时，他心里也没谱——破破烂烂的古建筑，年轻人能有兴趣吗？哪知道，连续三年时间，基金会网站设置的 45 天报名时间，几乎都是在第一天就满员。至于为什么喜欢流行文化、向往都市生活的年轻人，会去关注那些古老的建筑，原因还各不相同：

　　　　24 岁的领队朱丽文从小生活在贵州的大杂院里，"看着老家一个个古村落消失，我很难过"。朱丽文希望自己做点什么，去留住古老的建筑技艺，留住与古建筑相伴的生活方式。怎么守护？她想在工作营中找到答案。

　　　　来寻求答案的，还有在美国一家建筑事务所工作了几年的欧阳见秋。前些日子她读梁思成的传记，当读到看着北京城墙被拆梁思成心如刀割时，她也觉得"心有戚戚焉"。放下书，取消了原定去国外休年假的计划，她报名来到了新绛。"读书时，去桐庐写生，画明清建筑，那些屋檐、门窗，都美不胜收。可是，这些年来，媒体上一直都有古建筑被强拆、被摧毁的新闻，每次听说，心就像被揪起来了一样难受。"

　　　　和心思细腻的女孩不同，对于来新绛修古寺这件事，21 岁的大男孩陈彦秀的感觉就是"很酷"。"以后和人家说，我跟着一块儿修过千年古寺，啧，那感觉！"他本来读的并不是古建筑专业，就因为在宿舍经常看古建筑专业男生在那里画啊画的，觉得这样子蛮酷的，甚至觉得他们的作业也特好玩，于

是就申请转了系。这次，陈彦秀负责在木头上照着古建图纸画画，其他人再按照他画的图案进行雕刻。没几天，他画的那些鱼，就被雕到了木头上，安放在寺外山门的屋顶。"平时只在书本里读到看到那些古建筑，现在可以亲手来修，太有成就感了。明年我还争取来。"小伙子的兴奋，一点都不遮掩。

法国小伙班诺是一名资深的志愿者，已经在其他国家参加过多次古建修复的工作，但首次到中国工作让他特别兴奋："中国的古建筑太美了，这肯定是一次非常特别的经验，我要仔细体会传统工艺的魅力。"

修复古建筑，听起来很有意思，甚至还有些浪漫，可实际却是异常枯燥，甚至辛苦。第一次亲身经历的年轻人，都没想到会那么累。"整整夯了三天的土。"朱丽文所提到的夯土，就是两人一组，一起用力举起30公斤的夯锤，一下一下，反反复复作落锤动作。"最难熬的是第二天，手根本举不起来了。"

等待开晚饭的空当，志愿者们围坐在两张方桌边，阮仪三上起课来——什么叫斗拱，城墙为什么有72"马面"，等等，一一道来。"夯实脚下的土，才能建起存世百年、千年的屋。"阮仪三的话，说的是专业的事，也是在给年轻人讲为人处世的道理。让阮仪三感到有些意外的是，这些"温室中长大的花朵"，还真挺有韧劲。

听着这些年轻人兴高采烈地谈古建，看到他们实实在在流下的汗水，师傅们的态度转变了。他们带着志愿者，一块块地调整已经砌好的砖，还手把手地传授他们砌墙的手势和诀窍。一垛整齐的古墙重新竖起来了,志愿者们抢着和那垛墙合影,和师傅们合影。从那时起,朱丽文心里也有了方向,以后一定要从事与古建修复相关的事业。淌过汗之后,对古建筑的感情会不一样。无论什么样的因由,只要能让年轻人关注古建筑,阮仪三都是高兴的。①

十多天的劳作,真正能修复多少古建筑并不重要,关键是让更多的民间志愿者对中国古建筑产生一种亲近感。他们亲手拆卸、清理古代建筑的木构件,中国的老工匠们给他们讲解这些构件的名称、作用和搭接的知识,每个营员都兴奋又激动,诚惶诚恐地悉心劳作,无不惊叹中国古代建筑的精湛技艺。十多天的劳动给他们留下了毕生难忘的经历,中国传统的木构架会永驻他们的心房。

"亲手为古建保护做贡献"是志愿者最为珍视的一点。不止一位志愿者对记者说,参加一次活动根本做不了什么,这种活动的意义就在于它能够宣传一种意识,发动更多的人参与古建保护。

对于工作营志愿者的领队阮一家来说,这种修老房子的经历带给他一种新鲜的感受:"淌过汗之后,对古建筑的感情会不一样。"至于是什么不一样的感情,他也说不出,但就是有。后来,他与几个同学在学校成立了一个"遗产保护青年志愿者联盟",还做了一个类似于谷歌地图的"遗产地图",都是为了发动大家保护文化遗产。

---

① 顾学文、王琛:《"刀下救平遥"专家:修古建筑先要修人心》,《解放日报》,2013 年 8 月 30 日。

2013 年夏，阮仪三在新绛工作营为志愿者现场讲解木结构原理

让年轻人参与到遗产保护的行列中来，也被英方专家认为"特别重要"。英国的国际国家遗产信托基金会秘书长凯瑟琳·雷纳德认为："孩子们可以在古堡里煮东西，自己做一个苹果派，或者在某处历史文化遗产的后院学习园艺。这些活动能够让他们反复定期地回到这些古老的建筑中来，建立一种长期的联系。"对此，阮仪三感慨颇深，他在 2015 年的一篇博文中说：

> 通过志愿者工作营活动，让大家通过劳动的形式得到心灵的感应，用自己的双手延续人类的文化。工作营既有中国人，也有外国人参加。他们亲手修缮古建筑，在泥里、土里滚一滚，流一身汗，吃一点苦，会和古建筑、古遗存产生由衷的亲情，真正爱上古建、古遗存，从而投身于保护事业之中。说起来，我的大孙子，80 后的阮一家已经连当几年的营长了，今年我把小孙子，属于 90 后的阮尔家也带去。他刚考取大学，希望他也能和哥哥一样，逐渐

理解老祖父对历史建筑的情怀。当然更多是要靠我的那些博士、硕士、大学生们，把城市保护事业一代代地传下去。我先做好言传身教，从身边的亲人开始，让古城保护事业后继有人，薪火相传。

□ 4. 笔耕不辍传承保护意识

在取得每一个暂时的胜利之后，阮仪三都心存忧虑："总算逃过了这一劫，后事如何还得拭目以待。"言下之意是再过几年怎么办？换了领导怎么办？所以，他鼓励用各种方式弘扬传统文化，提高传承意识。他常说："过去的教训太多，我们承受不了进一步的摧残和捣毁，抓住未来，亡羊补牢犹未晚矣。希望通过大家的传播和推动，让更多人有这种意识。"

为了让更多的年轻人接过历史文化遗产保护的接力棒，阮仪三策划了一个名为"走读上海"的活动，组织青少年认识上海历史风貌特色，普及保护知识。每次活动都有一个四字主题，例如"城墙忆旧、守护神祇、山水筑梦、边邑大利、租界肇始、外滩奇变、法人横足、美界无边、吾河去哪、寄庐取静、云间永嘉……"，遍布上海老城区，内容相当生动。随着活动的开展，越来越多的志愿者加入其中，包括许多年幼但对历史文化兴趣浓厚的孩子们。至今已有几千人参加，很受欢迎。

2010年，阮仪三被聘为上海市文史研究馆馆员。在文史馆领导的鼓励下，他不仅在文史馆的"名人讲堂"举办了专题演讲，还写了几篇关于如何加强城市遗产保护的建言。通过文史馆提供的平台，他的观点在更大范围内得到了传播。

"如果你对现代化狂澜中正在毁灭的城市文化遗产感到忧虑、焦急和愤懑，却又无奈，那就请打开阮仪三教授这本书吧！你会在峥嵘的云隙里看到一道夺目的光明，或者感受到一阵浇开心头块垒的痛快的疾雨。"这是冯骥才先生为阮仪三《护城纪实》所写代序中的几句话。学者杨东平读完此书后感叹："这个阮仪三，了不起。"因为书中直截了当的点名，显然不是一般的出牌方法。

这些年来，阮仪三始终笔耕不辍，佳作叠现。他的《历史文化名城保护理论与规划》是比较完整的理论体系，到现在为止都是经典教材。其后的著作，反映了他的保护文化遗产的思想，成为今后进行城市规划与建设、设计与创作的重要源泉和理论基础。比如在《旧城新录》一书中，他提出了对名城及历史街区的保护的意义、作用和具体内容；在《名城文化鉴赏与保护》（董鉴泓合著）一书，他明确了历史性地段的保护；在《历史环境保护的理论与实践》一书，他明晰了建立历史性环境保护的法律体系；在《江南古镇》等书中，他论述了重视保护、合理规划的理念，提出加强对江南水乡传统城镇特色的保护，他的《城市遗产保护论》也是这方面的成果；《护城综录》收录了他保护历史文化名城的 40 个实例；《护城纪实》真实记录了他不辞辛苦只为留住古城古镇，以及无力挽救历史遗存时无奈与义愤的心路历程；《留住乡愁：阮仪三护城之路口述实录》介绍了他保护古城建筑的历程和反思，并对当下我国古城保护的主要问题进行了深入的分析和探讨。

国家级的 131 个历史文化名城，有一半是阮仪三参与规划的；还有 50 多个历史名镇，完全是他"刀下留城"救下来的。如此佳绩，可谓空前。许多历史名城都有修复整治的要求，不过因为急于求成，修出的东西很多只是图表面、粗制滥造，甚至出现错误和笑柄。阮仪三特别痛恨这一点，他要求自己团队做出的规划设计要一直跟踪，有整修和建设项目，就及时补充修订。

比如苏州平江历史街区是从 1995 年开始做的保护规划，后来相秉军作为硕士论文又做修订，2003 年张琴、张艳华再做实施详规，以后就是林林做修建性规划和具体建筑施工，在整修中一直跟踪设计，不断有调整补充，直到 2006 年才对外开放。比如平遥被评为国家级历史文化名城之后，阮仪三又邀请香港著名摄影家马元浩三次赴平遥摄影。1997年由台湾淑馨出版社出版了由阮仪三撰文的大型画册《平遥——中国保存最完整的古城》，在香港开了影展。30 多年过去了，阮仪三的学生邵甬带队，又参与到平遥古城的保护中，他们在古城内挨家挨户地对每个院落、每栋建筑调查测绘，做得非常细致。以后又同平遥一起制定"世遗历史建筑保护准则"；还有上海的思南公馆，由邵甬主持 1992 年开始做思南路历史街区保护规划，前后经过数次反复，一直到2010 年才呈现出整修后的历史风貌。阮仪三的实践经验就是：坚持跟踪服务，不计时效，不急于求成，不离不弃，不计报酬，以事业为重。这样在工作中，他的团队和甲方成为要好的朋友，亦师亦友，心心相印，共享保护祖国优秀文化遗产的欣喜。

现在，苏州平江路上建有阮仪三工作室，展示着平江路规划修缮的资料，每两周有一次讲座等活动，有阮仪三的胞弟阮涌三帮助料理与接待。周庄老镇里也建有阮仪三工作室，他的博士袁菲正在做老镇区的更新修缮的深化工作。2017 年 12 月阮仪三参加西塘古镇旅游发展 20 周年交流会时，遇到了 30 年前一起保护古镇的老镇长、老科长，大家的

双眼不约而同地涌出了泪花，都回想起那段艰辛的经历。领导为获奖者颁奖，他们只是嘉宾，却都是做实事的，不图名利，是保护古镇的真正践行者。

阮仪三从来都予不望报，只为心中笃行的理想。不过，古城也以特有的方式记住了他。比如平遥，就以阮仪三、郑孝燮、罗哲文、王景慧的名字命名了古城四周的四条街名，可惜其中三位已作古。阮仪三保护古城，是为了保住可作为历史的传承、时代的见证的实体，更是为了保护中华文化传统。为所当为之事，他不忘初心，殚精竭虑。

不过，他也深深地知道，全国拥有优秀遗存古迹的古镇古村，少说有几千个，大多不为人所知，有可能正在消逝。作为一个有古城镇保护知识的学者，他觉得自己有责任去尽力发现和保护它们，由此开始了长达10年的调研之路。

每年暑假期间，阮仪三都要招募志愿者，组织博士生、研究生和本科生到一些城镇或村落去调研。他把去古城古镇古村的调研称为踏察，因为这种调研绝非走马观花，而是靠两条腿走到现场并亲眼观察。如此不仅收集到了第一手的资料，还在寻访过程中，通过保护工作者不谋私利、不计报酬的行为进行言传身教，让当地老百姓意识到历史文化遗产的重要性。

踏察工作要经受风吹雨淋、舟车劳顿，条件异常艰苦。有时崎岖的山路把人颠簸得"散了架"；有时遇到当地没有自来水，擦把身子要跑10分钟的路；遇到蚊子欺生，每个人的手臂都被叮咬得肿了一圈；阮仪三还曾在考察途中因突发心脏病而晕倒。凡此种种，不一而足。不过看到的景象，往往令他既兴奋，又不无惋惜：

这个位于黔东南的侗寨，是我看到的建筑风貌保存得最完整的少数民族村寨之一。清一色的木房子和吊脚楼，起码有两三百年的历史。相比那些设在旅游区中、纯粹为吸引游客而"摆摆样子"的"民族风情园"，这座原汁原味的侗寨显然要珍贵得多。

在陕西商洛漫川关古镇，那里有两个一模一样的鸳鸯戏台。当地人说，他们这里经常会唱"对台戏"。我问怎么唱的。他说："你唱你的，我唱我的，哪边听的人多就胜利了。"

贵州地区容易地震，有些镇里都是石头房子，石头有三角形的、梯形的，地震来了也不会倒，真是很有智慧。调查以后，我就告诉当地居民："这是好东西，不要随便拆，你们要传下去。"并告诉当地政府："你们的宝贝要原样保存，不能随便拆迁。"

我到了楠溪江，那里的水特别清澈，像水晶一样。把脚插入水中，能看到鱼在啄你。两侧的山都是石头山，形态非常美丽，长着古老的树。沿江村子里的建筑，都是明代的。1990 年代以前还保持着原样，2000 年一开高速路就完了。

在做规划保护的过程中，阮仪三深刻认识到，许多生活在古城镇的居民和城镇管理者，没有意识到古镇的价值，更无心保护它，仍然认为破旧立新才是正确的发展方向。自己应该把这些专属于中国古城镇的文化基因记录下来，以传承保护意识，能保住一个是一个，而保护的前提是要发现。然后，在经济大潮面前，狠命地摁住中间那块精彩的地方，不要动。

2000年阮仪三在贵州黔东南州雷山县苗寨调研

于是，他在《城市规划》杂志上开辟了"遗珠拾粹"专栏，介绍古城（镇、村）概况、特色并附上保护建议，迄今已连载100期。后来，专栏内容又被集结成《遗珠拾粹——中国古城古镇古村踏察》，由东方出版中心出版。在阮仪三心中，这些古城古镇古村是中国历史文化精粹，不该被遗忘和丢弃。他所做的，就是帮人们去发现宝贝、擦去灰尘、串起珍珠。

此书一经问世，便深受读者欢迎，第一版3000册售完，又加印了3000册，业内人士都说该书具有收藏价值。如今，阮仪三团队踏察过的村镇，有30个成为了历史文化名城名镇名村。一些正在衰落的古镇，受到了当地政府的重视，吸引了越来越多的学者、游客和开发商。阮仪三鼓励地方去申报名城，告诉他们申报成功以后有钱的。但有时他也很害怕，怕他们有了钱就乱弄。不过话说回来，没钱维护的话，时间一长，这些古建都要烂坏了。

迄今为止，阮仪三团队做过调研的，已经有150多个城镇。过几年，阮仪三还要再集成100个。他觉得自己可以力所能及去做的，就是严格按照世界遗产保护的法规，去保护城市历史文化遗产，留点东西给后人。"遗珠拾粹"这个项目不光是阮仪三的团队在做，全国各地都可以做。只要东西好，报到阮仪三那里，他都给予经费支持。以前他要费尽心思地去寻找古城镇线索，现在五湖四海的学者们都会提供线索，有的小镇主动要求他去走一走、看一看。更令他欣慰的是，经过整整10年的实地踏勘，培养了一大批有独立工作研究能力的工作团队，各地高校的调研队伍都后继有人，呈星火燎原的态势。应周干峙院士的要求，阮仪三领衔与其胞弟阮涌三以及顾鉴明共同编辑出版了《中国历史文化名城、镇系列画册》。这套丛书全部为自筹资金，迄今已出了70多个名城与30多个名镇。

同里有个新造的园林，主人得意地炫耀自己造了中国最大、最贵和最精美的园林。结果阮仪三去看了，进门就是老板的一座铜像，铜臭味十足。这些乱造的园林令阮仪三很忧心，他觉得我们应该传承有民族特色、地方特色以及个人特色的东西，无论是古典的还是现代风格的，都不应以功利为目的，对于文化我们还需要反思。于是，他写了一本关于中国园林的《江南古典私家园林》。此书配有大量江南园林实地照片以及平面建筑图，解析了江南园林的房屋结构以及厅堂前后相通的建筑特色，受到了不少园林建筑爱好者的好评。他们表示，阮教授编著的书既有学术性又容易懂，讲园林的同时，还包含做人的道理。2013年，该书获得江苏省政府图书特别奖。译林出版社还将该书翻译成英文后出版并在国外发行。

半个多世纪以来，阮仪三笔耕不辍，著作等身，建立并不断完善了古城保护方面的理论。这些著作既是50年来他孜孜不倦、探寻古城保护之策的见证，也是他在实践中得来的

无数宝贵经验和对历史建筑文化的深刻体悟。阮仪三所出的这些书全都赔钱，但总有人能通过他的著作了解古城古镇保护，他也就知足了。

□5. 行动的知识分子

阮仪三兴趣广泛。工作间隙，他喜欢吟诵诗词、看书、下棋、画画、听音乐，在文物鉴定方面很有见地，对金石学也颇有研究。他的篆刻在同济大学很有一些名气，当年校领导出访国外，经常带着阮仪三的图章作为礼品。过去，他骑自行车上下班，经常改变路线，跑遍了上海的旮旮角角。一直到70岁以后，因为骨质疏松，才在医生的劝说下不骑车了。

如今，已经80多岁高龄的他，依然每两个礼拜出一趟差，老伴对此很有意见，但他觉得自己还跑得动，跑得也有意义。如果不出差，他就坚持每天上午9点步行到办公室工作。他觉得自己精神很好，脑子还不错，点子蛮多。

阮仪三多年授业，桃李盈门。从1991年至2003年，他的嫡传弟子包括30名硕士生、35名博士生、5名博士后以及2名外国留学生，他戏称和孔夫子一样拥有72贤。阮仪三常对他们说："现在你们也许感到从事这项工作很'孤立'，但只要坚持下去，今后的道路就会越走越宽。城市文脉的保护工作千万不能急功近利，一代人干不完，下一代再接着干。这项事业，需要几代人的奉献。"他是一位好老师，上课注意质量，从来是认真备课，上的课深受学生欢迎。因为授课内容丰富，词汇生动，教室里常是掌声四起，很少有人中途退席。在课堂上，他谈古论今，挥洒自如，总能寓教于乐，巧妙地把想表达的主旨，不着痕迹地铺陈开，让人十分容易接受之余，又能发人深省。他的那些闲谈批注的价值，远远超过了课本本身的价值。除了专业知识，他更多地教导学子们主动思索使命与责任，使他们明白：有幸生于当世，当思立好言、行好事，或益国民，或利万世。学子们听了他的话，眼前如同展开了一卷画轴，宏大的画面令人震撼，那是历史，是现在，也是未来。台下那一双双认真的眼眸，也让阮仪三忽然有了前所未有的信心：所有的努力都不会白费，会有人将薪火传递下去。说起来，他上课从不点名，他的学生却从不缺课。他上课时，教室里总是挤得满满的，就连窗台上也坐了人。后来他教研究生时，复旦大学也有学生过来旁听。直至现在他做讲座，也总是座无虚席。他认真地培养学生，师生相处和谐温馨。

阮仪三是个实干家，但也很注意理论的建树。比如为了更好地保护江南水乡古镇，他就及时地组织每年一次的"周庄论坛"。他还每年发表一篇有观点的导引性的论文。他主编了中国第一本《小城市总体规划》、主编了第一本《城市建设与规划基础理论》、主编了第一本《历史文化名城保护理论与规划》、参编了第一本《中国城市建设史》这些教科书，却未曾获过奖、评过优，许是他我行我素之缘故。大会小会他能躲则躲，只是为了能分身做需要做的事情。他自忖学生不会忘记自己，事实上弟子们也常对阮仪三说，一直记得恩师的谆谆教导、言行举止。他有好几个得意门生，还在同济建立了保护古城的人才梯队，包括培养自己的孙辈，希望他们能继承自己的事业。但阮仪三不善经营，比如他的基金会就光有组织，却募不到钱，只能赔钱了。这一点他心理也有些不平衡，却也无奈，谁让自己缺少这方面的天赋呢。

现在,他主要在总体层面做一些把握,还有一些新的科研领域的研究,也经常给地方领导讲课,加强他们的遗产保护意识。在他看来:"保护古城镇,人员的培养很重要。我们要'授之以理',教授他们以理论、方法,而不仅仅是给一个工具。"从 1985 年起,阮仪三面向全国城建规划部门的负责人办培训班,如今已有 1200 多名主管各地城建规划的干部受惠于此。他常说:"在这方面,不能计较个人得失,该讲的话一定要讲,要有一点知识分子的良心。"

很多地方想打"阮仪三规划"的招牌,不计其数的父母官排着队,力邀阮教授亲往指点。但有些只想做发展旅游、经济的假古董并没有价值,他不会参与其中。慕名来找阮仪三的不止政府官员,向他咨询古镇保护事宜,或者急邀他去实地"保驾护宝"的请求太多了。阮仪三的手机号码换了好几次,因为找他帮忙的人把手机都打爆了。在他卧室里,至今还保留着大量求助信,大多是请他出面去保老房子、古迹遗迹等。他每次都有信必回,有求必应,也因此救下了很多历史文化遗迹。每一次成功后,他都很欣慰。只要能对古城镇保护尽一份力,他从来都义无反顾。阮仪三曾自嘲:"我是消防队,到处救火。"一直身体力行的他,如今又传给弟子们。每一次出去踏访,他都告诉学生:"我们现在开始历史文化的长征。"

他衷心地希望他的影响能使中国的城市和建筑走出当今的窘境,从留有真正的中国传统城市和建筑中汲取营养,创建出有中国传统特色的、有地方特色的、又能适应当今社会需求的新的城市和建筑来。他认为这个营养的汲取必须从原汁原味的传承而来,而那些被认真保护的原真性的历史城镇和村落就是原生态的沃土,只有它们才能提供真正丰富的原生的营养和源泉。他自己就是这些原汁原味的优秀传统沃土的守护者，他相信后人会记住自己这个执着甚至于顽固的传承中华文化的奠基人。诚然，君不见众多网友都去他的博客留言，倾述对他的钦佩与崇拜：

阮教授您好，我是一名在外工作的平遥游子。在我的家乡，您誓死保护平遥古城的事迹已经深深地刻在每一个平遥人的心中。我从事城市景观行业已有三载，越发理解了设计师对于城市存在的重要意义。您对遗址遗迹保护的精神与对未来发展的远见卓识让我受益匪浅。

这些年，您培养出的很多学子，已成为名城保护的中流砥柱。薪火相传！

中国这几十年发展了很多也损失了很多，一座座古城消失了，其历史、文化也消失了，慢慢地古国千载的历史味道在消逝。这样的悲剧有很多，只希望能多几个像阮老师这样的古城守护者，能尽量多地守住一些中国的根和魂。不然，一个没有根与魂的中国还是中国吗？

留住乡愁，民族脊梁。

前几日到周庄，从商榻过去，车子一到周庄界，跳入我脑海的就是三个字：阮仪三。

感谢阮仪三教授为中国城市遗产保护所做的贡献！

阮先生不仅是文保的践行者、更是组织者和启蒙者！

······

50年来，阮仪三用双脚丈量中国，几乎走遍每一个古城古镇。从"刀下留城"救平遥，拼死保周庄，到丽江、苏州、绍兴、昭化、都江堰、上海外滩、上海提篮桥及江南水乡六古镇的保护修复，以及对全上海的石库门调研，京杭大运河沿线的调研和近几年对中国古城古镇古村落的踏勘，阮仪三带领的团队完成了大小逾百座古城镇的保护规划，赢得了国内外的多个嘉奖。

阮仪三教授获得美国圣母大学2014年度"亨利·霍普·里德奖"（与以往获奖者合影）

美国圣母大学（The University of Notre Dame）建筑学院为表彰在保护和发扬历史建筑领域做出杰出贡献者，设立了"亨利·霍普·里德奖"（Henry Hope Reed Award），旨在表彰在建筑规划领域对城市历史文化的保护与传承做出突出贡献的人。2014年3月29日，在美国芝加哥墨菲会堂举行了隆重的颁奖仪式，将这个大奖授给阮仪三，以表彰他几十年来为保护中国历史建筑和历史城镇所做的成绩。此奖从2005年开始设立，每年颁发一次，阮仪三成为第十位获奖者，也是第一个获此奖项的亚洲学者。为了使美国的专家学者和社会各界更加了解中国文化及遗产保护事业的发展，阮仪三现场做了"中国历史城镇保护的现状与经验"的学术报告和图片展览，受到了热烈欢迎并激起强烈反响。他的那种即便再难也一直坚持保护古城的意志，终于能够超越国界，获得理解，让人衷心地为他高兴。颁奖典礼后，阮仪三激动地写道：

> 我是第一个获得美国人颁发的这个大奖的中国人，这是鼓励和褒奖我所从事的中国古建筑和历史城镇的保护事业，虽然是给我个人的荣誉，但更是传递了美国同仁们的开放、友谊，并且对中国传统文化的尊重和保护的支持。中国和美国的古建筑、古城镇的保护，在形式、内容以及理论体系上是绝不相同的两种类型，但这个奖项却是秉承了一个共同的科学理念，就是对人类历史文化的尊重、传承的期待和肯定，这是在当今变革时代中的进步和升华。我虽然已是80岁的老者，但我拥有同济大学这个遗产保护有实力、很团结的团队，可谓后继有人。相信这个奖项正是给我们的鞭策和鼓舞，我们将更加不遗余力地去做好我们所热爱的事业。

他保护历史文化遗产绝不是为了这些荣誉。多年来，他

或跋山涉水在乡野，或廷争面折于朝堂，把传统的中国建筑文化和元素作为城市发展的根基，其中所付出的艰辛，绝非常人所能想象。为了知识分子的良心和中国民族文化的传播延续，不惜撞得头破血流。他对自己的国家民族溢满关爱之情，曾深情地说："什么叫爱国主义？爱祖国，爱家乡，爱民族，就要知道自己家乡、自己民族的特点。这些无形的精神底蕴，寓于具体的实物环境之中。所以，留下真实的历史生活环境，就是留下我们民族文化的根。"

思想与责任的叠加，成就了伟大的脊梁。被称为"行动的知识分子"的阮仪三，代表了当代知识分子的良心和勇气。他一生崇尚实事，痛恨清谈，做事从来不是停留在纸上、嘴上，而是实干，甚至"以命相搏"。他常说："光说说道理，光谈谈文章，这不是我们所做的，我是保护的行动派。"为此，在一些论证会上，他常常力排众议，带头向名城规划中的"建设性破坏"或"破坏性建设"发难。

在不可能的条件下，阮仪三创造了奇迹，是因他"知其不可而为之"，唯愿尽可能地留住一些过去的风貌、样式、遗址，留住国人出发的那个原点，为后人保留一些记忆、乡愁。著名作家冯骥才曾如此评价阮仪三："他不仅大声疾呼，更只身插入具体矛盾中，以学识匡正谬误，以行动解决问题。那么多历史遗存今日犹在，是他直接奋斗的结果；那么多历史遗存不幸消匿，也曾留下他竭力相争的痕迹。"

一个人要有使命感，用自己的学识报效祖国，才不辜负这个时代。阮仪三努力为后人留下值得挖掘和继承的乡愁与城市记忆，更给同道者留下极富实践意义的护城理论。强烈的责任和执着的追求，看似普通，但若贯穿一生，也会如璀璨星子，闪烁于人类文明的长河之中。正是如此境界，成就了一代护城大家。

　　已经步入杖朝之年的阮仪三坚定地表示,他会一直做下去,直到做不动为止 ,彻底实践着生命与古城保护同存的意志。他很喜欢乌尔曼的那首《青春》:"青春不是人生的一段时光,青春是一种心境。"如今,仍旧活跃于保护文化遗产的前沿阵地的阮仪三,仿佛再一次奔向青春时代。"路漫漫其修远兮",他这位古城卫士仍在路上。